LA PREMIÈRE

CARAVANE D'ARCUEIL

LA PREMIÈRE

CARAVANE D'ARCUEIL

Récit du Voyage

DE LA

Caravane scolaire de l'École Albert-le-Grand

Pendant les vacances de l'année 1878

PAR

MM. Eug. EBEL ET G. MULEUR

ILLUSTRÉ PAR

MM. SCOTT, FERDINANDUS, BAUDE, DALANG, TENAILLE

D'après les croquis de M. Léon Sichler

LIBRAIRIE VICTOR LECOFFRE

PARIS	*LYON*
90, RUE BONAPARTE	RUE BELLECOUR, 2

1879

LA PREMIÈRE
CARAVANE D'ARCUEIL
LES PICS DE BELLEDONNE

23540. — PARIS   TYPOGRAPHIE A. LAHURE
Rue de Fleurus, 9

DÉDICACE

Nous dédions ces modestes pages aux élèves des collèges de France et en particulier à nos chers condisciples les élèves des Écoles Dominicaines d'Arcueil, d'Oullins, de Sorèze, de Saint-Brieuc et d'Arcachon.

Il nous a semblé bon et utile de raconter au public comment onze jeunes gens, sous la conduite de deux maîtres, ont pu entreprendre et mener à bonne fin un assez long voyage, sans que leur union ait été un seul instant altérée, sans que leur franche gaieté se soit démentie, sans que leur courage ait fléchi, sans qu'ils aient jamais négligé leurs devoirs de chrétiens, et cela durant trente et un jours, au milieu des plus grandes fatigues, par la pluie, le soleil, le brouillard, malgré les contre-temps inévitables dans ces sortes d'entreprises, et l'inexpérience d'un début.

Nous n'avons pas la prétention de faire œuvre

de littérature ni d'élever un monument de critique. Sur le conseil de nos maîtres, nous avions pris quelques notes et consigné dans nos carnets les souvenirs les plus frappants : les voilà, mis en ordre et cousus les uns aux autres, tant bien que mal, comme nous avons pu le faire.

Si ces pages ont la bonne fortune de faire naître dans le cœur de quelques-uns de nos condisciples le désir de tenter une pareille entreprise, nous serons contents. Mais nous le serions encore plus d'être de la [illegible] et [illegible] bénirions la Providence de Dieu de [illegible] les [illegible]ments qui, suivant une heureuse [illegible] « [illegible] l'homme », en fortifiant son corps et en élevant son âme.

INTRODUCTION

Les voyages achèvent l'homme, donnent un
nouveau tour à son esprit, agrandissent son
imagination et lui font mieux aimer sa patrie.

(PÈRE LACORDAIRE. — *Lettres inédites.*)

Il y a longtemps qu'en Angleterre, en Allemagne
et en Suisse, on considère les voyages comme le complément nécessaire de toute éducation sérieuse, et,
chaque année, à l'époque des vacances, il n'est pas
rare de rencontrer de petites caravanes de jeunes
étudiants, le sac au dos, le bâton ferré à la main,
en train de parcourir, seuls ou sous la conduite de
leurs maîtres, la Savoie, le Dauphiné, la Suisse, la
Lombardie, les bords du Rhin, le Tyrol, les Pyrénées,
tous les pays en un mot qui méritent d'être vus.

Rien n'est meilleur pour le jeune homme que de
voyager ainsi; il fuit les amusements frivoles et éner-
vants des grandes villes; il fortifie son corps, enri-
chit son intelligence, élève son âme au milieu des
émotions fortes et salutaires que fait naître la vue des

montagnes. Ses membres s'assouplissent par l'habitude journalière des longues marches, des ascensions pénibles, souvent difficiles, toujours intéressantes ; son adresse et son audace se développent ; son courage s'exalte en raison des difficultés vaincues ; son imagination est sans cesse tenue en éveil ; sa mémoire se peuple de souvenirs tantôt charmants, tantôt grandioses ; l'esprit d'initiative se forme en lui ; sa volonté grandit tous les jours par la nécessité où il se trouve d'arriver à un but déterminé ; son âme enfin s'élève naturellement vers Dieu, qui lui manifeste sa puissance et sa bonté par le spectacle de ses magnificences.

En un mot, l'éducation du jeune homme se complète et se couronne par des côtés que la vie de collège ne saurait atteindre.

Aussi, supposez que des maîtres chrétiens aient eux-mêmes préparé ces voyages, qu'ils s'en fassent les guides dévoués pour aider l'inexpérience de leurs disciples, pour suppléer aux connaissances qui leur manquent, pour leur faire entrevoir la grande place que la Providence réserve à l'intelligence et à l'âme de l'homme dans les splendeurs de sa création, alors ces voyages laissent dans l'esprit et dans le cœur des jeunes gens des souvenirs impérisables.

C'est parce que nos maîtres étaient pénétrés de ces idées, qu'ils ont voulu nous donner ce complément d'éducation et nous apprendre à voyager en vrais touristes, c'est-à-dire, autant que possible, à pied, le sac sur le dos. Ils ont donc organisé pour les vacances de cette année la première caravane scolaire d'Arcueil.

Mais, un peu novices eux-mêmes dans le métier, ils se sont adressés, pour aider leur inexpérience, au Club Alpin français. Cette puissante association, qui dans ces derniers temps a tant accompli pour faire naître et développer dans notre pays le goût des montagnes, organise, depuis cinq ans, des caravanes scolaires. C'est sous son patronage que celle d'Arcueil a été entreprise. C'est à l'actif dévouement de M. le colonel Pierre, secrétaire général de la direction centrale [1], que nous devons d'avoir pu partir au jour indiqué, munis de nos permis de parcours à prix réduits et des meilleures indications pour choisir nos stations, nos hôtels et nos guides. C'est aux conseils pleins d'expérience de M. Talbert, vice-président du Club Alpin, chargé de l'organisation générale des caravanes scolaires, que nous devons en partie les excursions très-intéressantes — et à la portée de tous les courages — que nous avons faites. Ajoutons, en outre, que sans le concours affectueux et dévoué que nous ont prêté tous les membres des Clubs Alpins français et italiens que nous avons eu le bonheur de rencontrer

---

[1] Le siège de la direction est à Paris, 31, rue Bonaparte.

sur notre chemin, nous n'aurions jamais pu accomplir notre voyage en aussi peu de temps, avec autant d'économie et d'une manière aussi agréable. Nous remercions d'une manière toute particulière M. Félix Perrin, secrétaire général de la section de Grenoble, ancien élève d'Oullins ; M. le docteur Doyon, président de la sous-section d'Uriage ; M. Dunant, président de la section d'Annecy ; M. Eugène Tissot, administrateur de la même section, et M. Isaia, secrétaire général du Club Alpin italien.

LE DÉPART D'ARCUEIL

LA PREMIERE
CARAVANE D'ARCUEIL

CHAPITRE PREMIER

DE PARIS A COUBLEVIE

Un excellent moyen pour faire un bon voyage. — Silhouettes préalables. — En route. — Un compagnon de voyage inattendu et chaleureusement accueilli. — Comment on dîne un vendredi. — Un rêve.

Le 9 août 1878, un vendredi à 9 heures du matin, dans l'église Notre-Dame des Victoires, à Paris, onze jeunes gens assistaient à une messe que célébrait un Père dominicain. Autour d'eux et derrière eux, perdues dans la foule, quelques personnes agenouillées priaient avec ferveur. En regardant attentivement, on aurait pu surprendre sur leur visage des signes d'inquiétude et même, sous certaines voilettes, des traces de larmes récentes.

Évidemment, c'étaient là les préliminaires d'un départ; il n'y avait pas à s'y méprendre. Des mères et des sœurs allaient être séparées de ceux qu'elles aimaient, et leur cœur, prompt à s'alarmer, entrevoyait déjà des dangers qu'il ne soupçonnait pas la veille.

Et pourtant, Dieu sait qu'il n'était question ni d'une longue absence, ni d'une expédition au pôle Nord, dans l'Afrique centrale ou chez les Zoulous révoltés. Il s'agissait tout simplement d'une excursion dans les montagnes du Dauphiné, en Suisse et en Italie; et nous avions un mois pour la faire.

Mais les mères sont toujours mères. L'inquiétude trouble leurs joies et déconcerte leurs plus fermes assurances. En tous cas, ce n'est pas nous qui réclamerons contre cet excès de tendresse, surtout quand nous venons d'en être privés dix mois sur douze.

Nos lecteurs ont déjà deviné que c'était là la Caravane scolaire d'Arcueil qui voulait mettre son voyage sous la protection de Marie, et prendre en quelque sorte son mot d'ordre au pied de ses autels. Le touriste et le marin ont besoin d'une étoile qui, de là

haut, protège en éclairant. Or celle qu'on nomme
STELLA MARIS ne dédaigne pas d'éclairer les sentiers
perdus de la montagne comme le désert immense de
l'Océan.

La messe fut suivie d'un solide déjeuner auquel
nous fîmes honneur. A notre âge, on ne sait pas ce
que c'est que reculer devant ces sortes d'opérations.
Et encore, veuillez bien remarquer que nous n'en étions
qu'aux préparatifs du départ. Mais, jugez de l'effa-
rement et de la mine du maître d'hôtel, si, huit jours
après seulement, nous étions tombés comme une
bombe dans sa salle à manger avec l'appétit formidable que nous devions connaître au sommet de
Belledonne ou au pied de la Mer de Glace. Nos familles
risquaient d'être condamnées à une indemnité.

Les convenances et la gratitude nous imposaient
le devoir de présenter nos hommages à la direction
du Club Alpin. Le temps de nous équiper, de dire
adieu aux quelques amis qui se trouvaient là, de surveiller les mille détails d'un départ, de prendre nos
billets, tout cela nous conduisit promptement à
3 h. 5 minutes, heure réglementaire du train qui
devait nous emporter vers les sommets neigeux du
Dauphiné et de la Suisse. Qand le lourd convoi s'é-
branla, quand nous fûmes sortis de cette interminable
gare de Lyon, il nous sembla quitter une prison. Des
ailes nous poussaient. Devant nous s'ouvrait l'espace,

libre, sans limite, peuplé de tous les rêves de notre imagination surexcitée. Nous n'étions qu'à Fontainebleau et déjà par l'étroite portière du compartiment, et l'imagination aidant, nous avions vu des forêts plus impénétrables, des sapins plus antiques et plus moussus que n'en contient tout le massif de la Grande-Chartreuse.

Mais il est temps de présenter la Caravane aux lecteurs bienveillants. C'est une formalité dont ne se dispense jamais un gentleman, encore moins l'humble historiographe qui a reçu de ses compagnons de route la mission de raconter les péripéties d'un long voyage.

D'abord nous étions treize. — Tant pis! dirait un esprit faible. — Et nous partions un vendredi. — Holà! — Et le matin, à déjeuner, un maladroit avait renversé la salière. — Malheur, trois fois malheur! — Mais on nous fera bien l'honneur de croire que pas un de nous ne songea à cette coïncidence. Contre les superstitions, nous nous flattons d'être esprits forts comme pas un. Ce qui nous préoccupait bien plus, c'était le précepte de l'Église; nous savions par expérience que les omelettes ne sont guère appétissantes aux buffets des gares.

Nous étions donc treize : deux Pères d'Arcueil qui dirigeaient la caravane, et onze élèves anciens ou actuels.

Le **Père Barral,** général en chef et promoteur de l'expédition, censeur à l'école Albert-le-Grand depuis sa fondation, suffisamment connu pour que nous nous dispensions de donner de lui un portrait en pied.

Le **Père Lachau,** adjoint au Père Barral, son digne lieutenant, toujours prêt à lui donner, en n'importe quelle circonstance, de formidables coups d'épaule; taille, gestes, allures d'un colonel en activité de service.

Henry Lochet a 21 ans. Né en Champagne, dans la bonne ville de Reims, il est solide comme un grenadier, mais prompt et franc comme un certain vin rose qu'il récolte à Epernay. Il vient de terminer brillamment son volontariat et a échangé, avec bonheur, le prosaïque sac du fantassin contre le sac plus léger et plus gai du touriste.

Le Sénonais **Georges Muleur** est son camarade de classe. Au physique c'est un petit homme, court de jambes, à tête crépue, et à la physionomie ouverte et intelligente. Il est déjà célèbre dans la faculté de médecine de Paris, et personne, dans la caravane, n'a autant d'esprit que lui. Doué d'une mémoire merveilleuse, il se rappelle tous les bons mots de ses anciens maîtres, toutes les farces de ses camarades et sait les raconter fort à propos.

Nul n'est plus gai compagnon que lui, et quand il le faut, plus philosophe; je me trompe, **Jules Heuzey** est l'Aristote de la Caravane ; cet auguste personnage, l'honneur de la classe de philosophie de l'Ecole en 1877, poète, artiste, grand politique, est, dit-on, petit marcheur ; le bruit court qu'il est un peu douillet. Débonnaire comme un terre-neuve, il ne se fâche jamais sérieusement ; mais si on l'agace, ce qui est fréquent, les foudres de son éloquence naturelle se changent en traits acérés qui transpercent son agresseur. Il n'est pas d'ailleurs novice dans ce genre d'exercice, car le besoin de taquinerie est pour lui une question essentielle de santé ; mais il le fait sans fiel, et on lui pardonne aisément les fantaisies de sa verve caustique. Son jeune frère **Paul** n'a que seize ans ; mais il marche sur ses traces, plus dur à la fatigue, moins préoccupé de sa santé ; il plaisante assez gaiement son auguste frère, lorsque celui-ci se tâte le pouls.

Henri Debains n'a pas dix-sept ans, c'est un élève de seconde fort intelligent et grand voyageur. Il a déjà parcouru la Prusse, l'Autriche, descendu le Danube, visité même Rambouillet et probablement beaucoup d'autres pays, ce qui n'étonne personne : car il a des jambes d'une formidable longueur. Le vin blanc et la chartreuse exercent sur son caractère des effets si puissants et si étranges, qu'ils ont été dignes d'être conservés à la postérité.

Léon Sichler est un jeune bachelier. Un bachelier

H. LOCHET
J. HEUZEY.
P. BARRAL
P. LACHAU
P. HEUZEY
H. DEBAINS.
PORTE DIEU

orné de moustaches en crocs et portant un lorgnon sur le nez. Il n'est pas grand, mais il fait si bien marcher ses petites jambes, qu'il n'est pas toujours arrivé le dernier au dîner. C'est un bon enfant qui adore les montagnes, les rochers, les sapins et les cascades, les beaux tableaux et les belles statues, et il a, pour servir ce penchant, un précieux talent de dessinateur qui est une bonne fortune pour la caravane.

Eugène Ébel, né au Havre, a dix-huit ans, il vient lui-même d'être reçu bachelier, et fait, par ce présent voyage, son entrée dans le monde. Son esprit habite ordinairement dans la lune, et y est occupé à chercher on n'a jamais su quoi, peut-être des araignées : car il a une passion pour l'histoire naturelle et, en particulier, pour ces horribles bêtes. Cette distraction continuelle, qui lui a valu au collège le surnom de M. Retard, doit lui jouer plus d'un tour pendant le voyage.

Ajoutez à cela que ce pauvre garçon a une peur horrible du froid. Il grelotte avec une température de 15° au-dessus de zéro, et déclare que son suprême bonheur serait d'habiter les déserts brûlants de l'Arabie.

Ludovic de la Vallée est venu au monde, il y a dix-huit ans, dans les Ardennes. Il a l'honneur de faire partie du cours des sciences ; il est maigre, nerveux, a un estomac d'autruche et un jarret de fer ; il ne fait rien comme ses camarades ; il a sa manière de marcher, de rire, de parler, de chanter, de comprendre les beaux-arts et la littérature, d'obéir, de désobéir, de monter des scies, et voire même de faire des sermons; or en plusieurs de ces choses il excelle; original comme pas un, aussi complaisant que le plus complaisant, il est le boute-en-train de la gaieté dans la caravane.

Hector Daillie, de Saint-Quentin, a dix-huit ans, il est l'inséparable ami du précédent, c'est son ombre; mais si Ludovic est gai pour deux, souvent Hector est triste et mélancolique pour dix. Il n'est pas grand, mais il est carré comme un hercule. Au collège il mettait sa gloire à protéger les plus petits; dans la caravane il met ses épaules au service de ceux qui trouvent le sac trop lourd. Hector et Ludovic se brouillent sans cesse, mais je crois qu'ils ne s'en aiment que davantage.

Georges Le Roy a aussi dix-huit ans comme Daillie, il a fait la classe de seconde. Lui et son fidèle compagnon **Amable Trutat** sont des hommes calmes et modestes; ils parlent peu, observent tout et sont toujours disposés à rendre service à leurs camarades.

Voilà ce qu'était la caravane, et vous pouvez juger, cher lecteur, si jamais caravane a été mieux composée que la caravane scolaire d'Arcueil.

Au moment de partir M. Debains père vint nous demander de faire route avec nous jusqu'à Dijon; il fut, bien entendu, accepté avec enthousiasme, et il se hâta de grimper dans le train en glissant sournoise-

Georges Muleur.

Eugène Ebel.

Hector Daillie.

Ludovic de la Vallée.

Portraits d'après nature, par Delance.

AMABLE TRUTAT.   GEORGES LE ROY.

LÉON SICHLER.
Portraits d'après nature, par DELANCE.

ment dans notre compartiment un sac, une petite boîte
et une volumineuse bourriche. Le sac contenait de
délicieuses crevettes, la petite boîte des prunes suc-

culentes et la bourriche des huîtres d'Ostende. Or, comme de son côté la bonne sœur dépensière de l'école nous avait bourré un panier avec du thon, des œufs durs et du fromage, il ne nous fut pas difficile, lorsque le moment de souper fut arrivé, de souper fort bien, *pour un vendredi.*

La nuit vint vite ; on dormit et on rêva ; l'un de nous rêva d'ours, d'avalanches, de brigands...... mais chut ! il nous est défendu de raconter cette horrible histoire.

Une fois Lyon dépassé, le plaisir de quitter bientôt le chemin de fer se mêla à celui de voir les montagnes. Beaucoup d'entre nous n'avaient vu, en fait de montagnes, que Montmartre, le mont Valérien, ou les collines de Normandie.

Avant d'arriver à Rives, nous découvrîmes assez distinctement le massif de la Grande-Chartreuse, les montagnes du Villard-de-Lans, et, entre les deux, les pics neigeux des Alpes ; aussi n'était-ce parmi nous, que des cris de joie et d'admiration. Le Père Lachau nous faisait avec sa complaisance habituelle les honneurs de son beau pays, et nous nommait avec un vrai bonheur les villages et les montagnes qui attiraient notre attention. Enfin nous arrivâmes à **Voiron** ; une demi-heure après, nous étions au couvent de Saint-Dominique de Coublevie.

Coublevie (le Couvent)
Dessin de Daling, page 26.

CHAPITRE II

COUBLEVIE. — VOIRON

Coublevie. — Le couvent des Dominicains : la chapelle, le parc.
Voiron et son église. — Retour au logis.

Coublevie est une commune de quatorze cents habitants, admirablement située, riche et prospère. Le sol très fertile produit en abondance du blé et du vin. Les maisons n'y sont pas agglomérées, mais éparpillées çà et là au hasard, dans de jolis vergers, dont l'ombre entretient une douce fraîcheur. Les chemins plantés denoyers et de haies vives ressemblent à des allées de jardins. Il paraît que les gens sont bons, car les ordres religieux semblent aimer ce pays. Les religieuses chartreusines ont, sur une hauteur qui domine et protège la paroisse, une communauté nombreuse et florissante. Le couvent des Pères Dominicains du Tiers-Ordre Enseignant ne peut lutter comme personnel, mais que la situation est heureuse! Que son installation est commode, élégante, quoique simple!

La maison se compose d'un corps de bâtiment tourné au midi, ayant pour ailes, à sa gauche l'ancienne maison, à sa droite la chapelle. Le tout est précédé d'un cloître élégant, aux colonnes gracieuses qui supportent une galerie découverte, d'où le regard plonge jusque dans les profondeurs de la plaine du Graisivaudan.

La chapelle n'a qu'une nef divisée en deux parties, dont l'une est réservée aux fidèles, tandis que l'autre contient le chœur des religieux et le sanctuaire. Le fond de l'abside est occupé par une vaste peinture aux personnages de grandeur naturelle, représentant le CRUCIFIEMENT, d'Angelico de Fiesole, le Raphaël dominicain qui peignait à genoux comme pour ne pas interrompre sa prière. Ce n'est qu'une copie sans signature, mais elle n'en produit pas moins un heureux

COUBLEVIE (parc)

effet. Le Père Barral nous explique que le projet du T. R. Père Lécuyer est de faire exécuter d'autres peintures du même genre dans ces larges panneaux ménagés tout exprès soit à la voûte, soit sur les murs de côté.

Les autels, la boiserie du chœur, les confessionnaux sont d'un goût irréprochable ; personne ne s'en étonnera quand on saura que le tout a été dessiné par M. Bossan, l'original architecte de Fourvières, dont le génie, la foi et l'humilité rappellent ces artistes du moyen âge qui ont couvert l'Europe de chefs-d'œuvre sans même prendre la peine d'inscrire leur nom au bas.

Le parc est vaste et contient de frais ombrages, des pelouses et un bassin qui fit les délices des amateurs d'eau froide. Quelques-uns, les moins nombreux, se contentèrent d'admirer les beaux points de vue qui sollicitent de toute part l'admiration et l'enthousiasme. A notre âge, on est moins insensible qu'on ne le croit aux charmes de la nature. Nous sommes calomniés et, puisque l'occasion s'en présente, nous protestons de toutes nos forces contre cette réputation imméritée.

Il est inutile d'ajouter que le dîner, qui suivit le bain et ce coup d'œil sommaire jeté sur le paysage, fut succulent, grâce à la sollicitude inépuisable du Père Burch et à notre vaillant appétit, qu'aiguisait le vent frais de la montagne.

Une fois restaurés, nous retournâmes sur nos pas
pour visiter Voiron. C'est une ville moderne, popu-
leuse, riche et industrieuse. Elle vaut mieux que sa
réputation. De loin, on s'imagine volontiers — surtout ceux qui s'en rapportent uniquement aux jour-
naux — que c'est un nid à radicaux, une succursale de
Belleville, un foyer de conspirations. Il n'en est rien,
paraît-il. Les gens y sont paisibles, prévenants, et
respectueux pour tout ce qui mérite de l'estime et du
respect. Nous en fûmes convaincus quand nous cons-
tatâmes l'embarras des Pères pour répondre aux fréquents coups de chapeau dont on les gratifiait dans
les rues.

L'église est le seul monument de Voiron qui mérite
l'attention de l'étranger. Mais elle vaut la peine d'être
vue. Beaucoup de villes épiscopales en France s'en
contenteraient aisément comme cathédrale. Sans aller
plus loin, il s'en faut que Grenoble soit aussi bien
pourvu. C'est une église gothique surmontée de deux
clochers à flèches dentelées, et précédée d'un majes-
tueux perron qui donne sur la fontaine monumentale
de la place d'armes. L'intérieur renferme un autel
très riche, dont les bas-reliefs ont figuré à je ne sais
quelle exposition et ont été remarqués, une chaire en
bois sculpté d'un très grand goût, et des vitraux imités
de l'antique, où l'on voit représentés les principaux
faits de l'histoire sainte et de la religion chrétienne.

Ces vitraux ont été donnés par les RR. PP. Chartreux,
sans doute pour récompenser les Voironnais d'avoir
mis leur église sous le vocable de saint Bruno. L'at-

CATHÉDRALE DE VOIRON
Dessin de J. D., page 28.

tention était délicate, mais saint Bruno ne demeura
pas en reste : car, en guise d'offrande, il déposa dans
la bourse du quêteur un billet de cent mille francs.
Ce sont ces cent mille francs qui, comme des prismes,

décomposent la lumière et ne laissent pénétrer dans la vaste nef qu'un jour mystérieux à la faveur duquel la prière s'élève naturellement vers Dieu.

Au sortir de l'église, nous aurions bien voulu visiter le château de Barral qui semblait nous dire : Venez voir mes frais ombrages, mon bois où chantent les naïades, ma vieille tour habillée de lierre et, autour de mon enceinte, la Morge qui gronde et s'impatiente. — Plus haut, c'était Vouise, et sa statue qui nous tendait les bras. Le Père Barral savait encore aiguiser malicieusement notre curiosité en nous racontant que du sommet de cette montagne on apercevait au loin toute la chaîne des grandes Alpes, coiffées de leur diadème d'argent, tandis qu'à leurs pieds la plaine du Graisivaudan repose tranquille dans son opulente magnificence. Et puis, cette colossale statue n'était ni plus ni moins qu'une imitation de la fameuse statue de Notre-Dame de France, le chef d'œuvre de Bonnassieux. Un chaudronnier, armé de bons bras et de son marteau, avait tenté l'entreprise. Et il a réussi, dit-on. — Nous aurions volontiers tenté l'ascension pour juger de nos propres yeux, mais le temps pressait et nous ne tenions pas à brûler notre poudre dans des escarmouches inutiles. Il est bon de se rappeler que nos jarrets, tout à fait novices, avaient besoin de ménagements pour être capables de résister aux fatigues qui les attendaient.

Nous nous contentâmes donc de jeter un coup d'œil sur la belle promenade ombragée de la ville, appelée le Mail, où de nombreux amateurs du jeu de boules faisaient la partie ; puis nous franchîmes le seuil d'un vaste bazar pour nous munir de bâtons ferrés et de gourdes. Il reste bien dans nos souvenirs certain type de charcutière, à la figure joyeuse et rebondie, à la voix mâle et fière, prise d'une envie démesurée de nous vendre du « saucisson de Lyon fait à Voiron » et de nous le vendre très cher, qui nous amusa passablement pendant une demi-heure ; mais ce sont des particularités trop personnelles pour intéresser nos lecteurs, et nous les laissons enfouies dans notre mémoire.

En revenant à Coublevie nous traversions une rue d'assez modeste apparence, quand le Père Barral nous fit remarquer qu'elle s'appelait rue Expilly. Expilly est, paraît-il, un grand homme de Voiron qui a chanté en ces termes sa ville natale :

.....Voiron, dont les collines vertes
Sont de vins et de fruits et de plantes couvertes,
Dont les monts relevés vont en toute saison
Fournissant en laitage et de bois la maison,
Et dont les prés herbeux et les fertiles plaines,
Ainsi qu'Ide et Tornare, abondent en fontaines ;
Où la Morge s'égaye, où les fréquents marchés
Pour le bétail et grain sont de loin recherchés ;
Voiron dont les enfants ont les âmes hautaines,
Soldats déterminés, valeureux capitaines,

Les veilles, les travaux et la mort dédaignant.
Pharnaouc en est témoin, Ravenne et Marignan,
Qui vivent dans le sang, les Galles, les Dorgeoise,
Les Grimaux, les Voissant, les Maubec, les Devoize,
Et ceux dont je suis l'être. O dieux ! qui de vos mains,
Versez, comme il vous plaît, le bonheur aux humains,
Comblez mon doux Voiron de vos faveurs célestes,
Et les astres jamais aux siens ne soient molestes !

Nous écoutions avec respect la lecture de cette poésie surannée, mais qui ne manque pas de caractère, quand une averse intempestive vint nous surprendre à quelques pas du couvent. Le Dauphiné, paraît-il, est coutumier du fait. Ce fut court, mais la nuée en passant sur nos têtes fit généreusement les choses. En dix minutes nous étions trempés jusqu'à la peau.

Heureusement que la porte hospitalière ne se fit pas prier pour s'ouvrir au premier coup de sonnette. Après avoir réparé le désordre de sa toilette et achevé la soirée en compagnie des Pères, chacun alla goûter dans sa charmante petite cellule un repos mérité. Ainsi finissent d'ordinaire toutes les journées bien remplies, et la nôtre était de ce nombre.

CHAPITRE III

DE COUBLEVIE A CHALAIS

Le départ. — Dans le Bret. — La fontaine du vieil homme et sa légende. — Pommiers. — La Roize. — Arrivée à Chalais.

A trois heures nous étions debout. Debout à trois heures, en vacances, et après cent lieues de chemin de fer, c'est un tour de force dont on pourrait être fier ailleurs, à Paris par exemple. Mais à Coublevie on n'a pas le droit de l'être, car on est toujours devancé. Les chartreusines, comme les chartreux, ont, vous le savez, un réveil-matin tout à part. A minuit la cloche tinte, et leur journée commence. Un de nous l'avait entendue, cette cloche, et l'avait prise pour le tocsin; mais il s'était bien gardé de bouger, le misérable ! ! Nous lui fîmes une semonce.

Deux heures plus tard nous prenions congé de nos hôtes et nous nous dirigions vers le Bret par un chemin montant. Rien de remarquable jusque-là. Vous savez tous ce qu'est une promenade matinale, quand l'alouette et le pinson saluent le soleil, et que tinte

l'*Angelus*. Noublions pas cependant le montagnard
que nous aperçûmes dans les brouillards du matin. Il
passa auprès de nous, nous toisa des pieds à la tête
et se mit à rire ! Nous n'avions pas le temps de lui
demander pourquoi, nous pensâmes seulement qu'il
avait pris nos sacs pour des difformités naturelles,
pour des bosses. Un régiment de bossus ! Avouez que
c'était drôle ! ! !

Malgré ces bosses fort gênantes, nous arrivions en
moins de deux heures au passage du Bret. — Le Bret
est à peu près aux Dauphinois ce que sont aux Grecs
les Thermopyles. Ils le montrent avec honneur, et il
faut avouer que de toutes les curiosités de ce pays
enchanteur, ce n'est pas la moins intéressante. Figurez-vous une vaste découpure qui se resserre à mesure
qu'on avance et s'allonge devant vous comme un long
corridor ! Vous vous croiriez en présence d'un édifice
gigantesque dont le temps a brisé les toitures. Ces
pierres vastes et carrées qui se superposent les unes
aux autres pour former deux murailles égales, ont
l'air d'urnes funéraires, et vous prendriez ces cavités
latérales que les pluies y ont pratiquées, pour des
niches qui réclament leurs statues. Il y a là tout un
essaim de rêves qui vous attend ! et pour peu qu'on
soit impressionnable on sent, au bout de quelques
minutes, une mystérieuse terreur vous envahir, esprits
et fantômes vous trotter dans la tête ! « Quel dom-

mage, s'écria l'un de nous, qu'un grand poète n'ait pas
une demi-heure à passer en ces lieux ! Il trouverait là
son compte ! — Oh ! les poètes, répondit le Père Lachau,
ils sont rares aujourd'hui, et ceux qui en portent le nom

Figurez-vous une vaste découpure qui se resserre à mesure qu'on
s'avance et s'allonge devant vous..... (Page 34.)

Dessin de DALANG, d'après une photog. du P. ROUSSELIN.

se plaisent mieux à Paris ou ailleurs que dans ces
solitudes. En attendant qu'ils viennent, contentez-vous
d'une simple histoire, et pour mieux l'apprécier,
regardez bien cette fontaine que vous voyez jaillir de
cette roche creusée en forme de conque, et qui nous

envoie son écume au visage. Il n'est pas permis de quitter le Bret sans connaître *la légende du Vieil Homme* : au temps de Théocrite, on eût interrogé les naïades, mais aujourd'hui on procède plus simplement. » Et le Père Lachau tira gravement de sa poche une brochure à couverture gris de fer, qu'il nous avait jusque-là soigneusement cachée [1]. Nous nous assîmes en cercle sur des pierres plates, à deux pas de la mystérieuse fontaine, et prêtâmes une oreille attentive à son intéressante légende.

« A une époque fort reculée, qu'il serait difficile de déterminer, les habitants de ce pays virent arriver un étranger accompagné d'une enfant qui paraissait être sa fille.

« C'était un homme déjà mûr, à la taille élevée, au visage noble et distingué, portant l'épée et le costume des chevaliers. La jeune fille accusait quinze ou seize ans. Une vraie tête d'ange ! Avec ses longs cheveux blonds où le soleil semblait avoir oublié un rayon, ses grands yeux bleus qui laissaient lire jusque dans le fond de son âme, son front resplendissant de grâce et de bonté, sa démarche pleine de grandeur, volontiers on l'eût prise pour une apparition céleste.

« Ils s'établirent sur les bords du lac de Saint-Ju-

---

[1] Voiron et le Bret. Notes d'un voyage humoristique et descriptif. Grenoble 1877. Xavier Drevet, éditeur.

lien-de-Raz, alors appelé Saint-Gelin-de-Raz. Le mystère dont ils eurent soin de s'entourer excita bien un peu la curiosité des voisins, et même du gouverneur du château fort de la Perrière ; mais, à cette époque de prétendu servage, les gardes champêtres, s'ils exis-

CHATEAU FORT DE LA PERRIÈRE

taient, n'étaient pas encore chargés de visiter les passe-ports, et les gendarmes avaient d'autres occupations.

« Ce sentiment de curiosité d'ailleurs fit promptement place à la plus vive sympathie, quand on vit de quelle façon ils prétendaient s'imposer au pays. Les malheureux de toute la contrée devinrent leurs protégés et l'objet de leurs constantes préoccupations. Y avait-il un pauvre dans le dénuement, un malade en danger? Vite, ils accouraient, apportant secours et remèdes. Fallait-il panser quelque plaie? La jeune fille s'en acquittait avec une grâce et une dextérité qui arrachaient aux pauvres gens des cris d'admiration.

« La besogne achevée, ils faisaient quelques courtes recommandations et se retiraient, comme impatients de rentrer dans leur mystérieuse retraite.

« En six mois, ils se concilièrent si bien la sympathie de tout le pays, qu'on les vénérait comme des anges. Ils vécurent là deux ans, aussi impénétrables que le premier jour, mais sans cesse prêts à voler au secours des malheureux.

« Puis, un matin, les volets de la petite maison qui regardait le lac ne s'ouvrirent pas. Un grand malheur, un malheur irréparable venait de fondre sur le vieillard et sur tout le pays.

« Que s'était-il donc passé?

« On ne le sut pas au juste, car personne n'assistait au dramatique événement qui fit verser tant de larmes. Mais il est probable que la jeune fille, ayant voulu cueillir des nymphæas dont les larges feuilles couvrent la surface du lac, s'était approchée trop près du bord. Le pied lui avait glissé, et la pauvre enfant s'était vue passer de vie à trépas sans qu'aucune main se tendît vers elle.

« Ce ne fut qu'au soir que le père, inquiet, ayant fait le tour du lac, aperçut dans les roseaux le corps inanimé de sa fille. Les flots n'avaient pas voulu garder leur victime. Elle tenait encore dans ses mains crispées une touffe de nénuphars.

« Ses funérailles eurent lieu deux jours après, au milieu des sanglots et des gémissements d'une foule innombrable, accourue de dix lieues à la ronde. Son père, plus pâle que le linceul qui recouvrait la morte, voulut lui-même la conduire à sa dernière demeure. Puis, quand tout fut fini, il se retira, et, de six longs mois, on ne vit briller aucune lumière, ni s'ouvrir aucune porte dans ce foyer visité par la mort.

« Les bonnes gens s'imaginèrent que le vieillard, brisé par la douleur, était allé rejoindre sa fille dans l'éternel repos. Personne néanmoins n'osa s'en assurer. La superstition avait alors trop d'empire sur les imaginations. On s'écartait même de son chemin pour éviter de passer à côté de la mystérieuse maison, et quand on le faisait, hommes, femmes, enfants pressaient le pas et se signaient dévotement.

« Un jour, pourtant, ce deuil étrange eut une fin. On rencontra le vieillard portant un vase et se dirigeant du côté de ces gorges. Vous auriez juré qu'en six mois il avait vieilli d'un siècle. De grandes et profondes rides creusaient son front; ses cheveux étaient plus blancs que neige; sa tête, d'ordinaire si droite, se penchait tristement vers la terre, incapable de porter le poids qui l'écrasait; sa démarche était chancelante, toute sa personne cassée, brisée.

« Où allait-il ainsi, courbé en deux, par ces chemins solitaires où l'on risque de s'égarer sans rencontrer âme qui vive?

« On le sut plus tard. Mais, chose merveilleuse, les petits enfants qui avaient connu le vieillard, écrasé par l'âge et le chagrin, grandirent, vécurent et moururent; à leur tour, leurs enfants fournirent une longue carrière; trois générations se succédèrent ainsi, et le vieillard était toujours là. La mort semblait l'avoir oublié dans ce monde.

« Ce ne fut que plus tard, après de longues et nombreuses années, qu'on le trouva un matin affaissé et sans vie près du petit bois de hêtres qui domine le lac. Le gouverneur du château le fit enterrer avec tous les honneurs dus à son rang de chevalier. Car, malgré le mystère dont il s'était constamment enveloppé, le peuple n'avait cessé de le considérer comme tel, et la tradition s'en était perpétuée dans le pays. Alors seulement on découvrit le secret de ces courses quotidiennes que personne ne s'expliquait.

« A la mort de sa fille, fou de douleur, il s'était engagé par vœu à ne manger que du pain et à ne boire que l'eau claire de la première source qu'il rencontrerait après avoir marché deux heures durant. — La foi de ces époques et le chagrin expliquent de pareils engagements. — Or, le hasard le conduisit à cette fontaine jaillissante dont les eaux avaient la

propriété de faire vieillir, il est vrai, mais, en revanche, d'empêcher de mourir. De sorte que celui
qui désirait la mort et l'appelait à grands cris,
comme un remède à la violence de sa tristesse,

SAINT-BRUNO. (Page 8!.)

trouva, sans s'en douter, une sorte d'immortalité que
d'autres achèteraient chèrement.

« Et c'est depuis ce temps-là que l'eau qui coule des
profondeurs du rocher porte le nom de fontaine du
Vieil Homme. »

Le narrateur avait achevé. Nous nous approchons
tous de la fontaine et, comme les braves de Gédéon,

nous buvons à tour de rôle, dans le creux de la main, quelques gouttes de cette eau merveilleuse.

— Fontaine du Vieil Homme, nous ne t'avons point dit adieu, et si quelque jour le hasard nous ramène dans ce pays enchanteur, nous irons chercher près de toi, sinon l'immortalité, du moins les souvenirs de cette délicieuse matinée.

Quelques minutes après, nous avions atteint le col de **la Placette** (596 m. d'alt.) Des vapeurs remplissaient la plaine, et, cachant les villages et les arbres, lui donnaient l'aspect d'une mer tranquille. Des hameaux apparaissaient çà et là, encadrés de verdure; nous croisions des paysans qui allaient aux champs, et nous échangions avec eux de gracieux saluts. Le sentier descendait en pente douce, la fatigue avait disparu, et l'on babillait à qui mieux mieux!

Bientôt nous arrivons aux premières maisons d'un modeste village.

Le Père Barral nous en dit le nom. — C'est **Pommiers**. « Halte là! crie Trutat, nous sommes chez nous! » Il est Normand et, devant l'arbre du pays natal, il s'était arrêté plein de respect, comme un buveur devant une enseigne d'auberge. Mais l'heure du déjeuner arrivait, et on ne mange pas, quand on est tracassé par l'émotion. Le Normand se ravise et passe outre. Nous le suivons au bord de la Roize, torrent rapide, pavé de grosses pierres, voire d'énormes rochers qui nous présentent des sièges commodes. On s'assied, on se met à table..... sur ses genoux, et on déjeune, déjeuner royal, je vous assure ! A vrai dire, il n'y a autour de nous ni serviteurs, ni chanteurs, ni danseurs, ni gladiateurs ! Mais quel charmant coup

On s'assied, on se met à table..... (Page 45.)
Dessin de TEXAILLE, d'après un croquis de SICHLER.

d'œil qui manquait aux vieux Romains sur leurs lits moelleux ! Ici, ce sont les rochers des Chalves qui mesurent un kilomètre ; là, une montagne toute en cailloux avec la régularité et les proportions d'une pyramide ; plus près, c'est Charminelle, le Pas de la Miséricorde, la Sure et ses escarpements gigantesques qui lui donnent l'air d'un escalier bâti par les Titans, et puis le contraste, c'est-à-dire les prairies de Pommiers qui viennent mourir aux bords des eaux, et puis plus près encore..... cinq bouteilles d'un vin délicieux [1], d'un vin comme n'en flaira jamais Horace en ses vignobles de Salerne! Oh! les jolies bouteilles! Pour les garantir des coups de soleil, nous les avions plongées dans le torrent jusqu'à l'orifice *exclusivement*, et nous les voyions encore tranquilles au sein des vagues comme Neptune dans la tempête! Ce n'était pas le moment d'abuser toutefois. C'était ce jour-là jour de grande ascension, et dans la montagne les zigzags sont périlleux.

On boucle les sacs et on part, laissant derrière soi, comme souvenir, les bouteilles vides. Ainsi Alexandre, pour immortaliser son passage, fit un jour émailler les chemins de l'Asie de lances et d'épées portant son étiquette. Nous sommes joyeux, nous allons chez saint Dominique, nous allons chez nous, nous allons à Chalais! « Où est Chalais? (Notre guide fait un geste vers les cieux!) Est-ce dans les nuages?— Non, répond-il, mais... tout près. —N'importe! nous arriverons. » Et nous voilà courant du côté de la montagne avec toute la fougue de nos soldats lancés à l'assaut de Malakoff. Le soleil, qu'un épais brouillard venait de coiffer, se découvre en notre honneur! Trop de politesse, à vrai dire! Le froid n'était pas à craindre et vous l'allez voir.

---

[1] Excellent beaujolais donné par notre ami M. Laforest.

La première demi-heure se passe en un entrain
charmant : on rit, on plaisante, on chante, on se dé-
fie à la course; nos bâtons se croisent dans les airs ;
nos chapeaux se renversent et voient le bord des abîmes.
C'est à qui fera les plus jolies gambades, et loin d'em-
boîter le pas de notre vénérable guide qui nous crie :
« Prenez garde, vous n'arriverez pas jusqu'au bout, »
nous faisons des volte-face et des détours capables de
fatiguer l'hirondelle. C'était à tort, surtout par le
temps qu'il faisait. Mais nos gourdes n'étaient pas
encore vides, et les bois, qui couraient devant nous
à travers les ravins, semblaient nous promettre un excellent parasol. Il n'en fut rien : ces bois n'étaient
point impénétrables comme ceux des Muses. Le soleil
s'y promenait en long et en large, tant et si bien,
qu'en peu de temps nous étions transformés en saules
pleureurs.

Oh ! l'ennuyeuse promenade, qu'une course à travers
les bois ! Toujours être en querelle avec les ronces et
les arbustes ! Toujours être obligé de se masquer la
tête de ses bras, sous peine de perdre les yeux et de
laisser en route la moitié de sa perruque ! Enfin nous
nous en tirons; mais après Charybde c'est Scylla, c'est-
à-dire le passage des Étroits. Le Père Barral, qui en
connaît tous les détours et toutes les difficultés pour y
avoir été nourri, sentant nos forces faiblir, relevait
notre courage par un geste sublime qui nous disait sans

nul doute : Du haut de ces montagnes six mille siècles vous contemplent ! Les jolis spectateurs que ces six mille siècles ! ils n'eurent pas le cœur de nous tendre la main. N'importe, nous arrivions, nous passons au-dessous d'un rocher surmonté d'une croix de bois ; c'est la croix des adieux où l'on quitte ses amis et ses hôtes ; nous montons quelques pas et, quatre minutes après, le monastère assis au pied de ses remparts calcaires nous montrait sa jolie silhouette encadrée de verdure (940 m. d'alt.). L'horloge y sonnait onze heures ; il y avait plus de quatre heures que nous marchions sous le sac et sous le soleil ! Nous nous rappelons alors le renseignement d'une bonne femme que nous avions croisée à quelque distance de Pommiers. Combien d'ici Chalais ? « Dans vingt minutes vous y êtes. » La brave dame ne voulait pas mentir : c'eût été un crime abominable devant les deux chèvres qui lui faisaient cortège ; mais elle avait pris nos souliers pour des bottes de sept lieues.

Déjà les P.P. Dominicains nous avaient aperçus, ils étaient prévenus. Ils sortent à notre rencontre. — Quel n'est pas le bonheur du Père Barral quand il retrouve comme prieur du couvent, le T. R. Père Bruno, qu'il avait connu à Sedan ! Les Pères nous embrassent, enlèvent nos sacs et, à travers mille compliments et mille politesses, nous introduisent à l'hôtellerie. On s'assied autour d'un grand feu de sapins, comme au temps d'Évandre, et chacun a bientôt repris la gaieté et l'éloquence du matin : *Fecundi calices quem non fecere disertum?* Naturellement la conversation tombe sur Chalais, et les bons religieux nous retracent à grands traits son histoire. Car Chalais a une histoire, et des plus mouvementées.

COUVENT DE LA GRANDE-CHARTREUSE

CHALAIS

Dessin de Scott, d'après le tableau de Cabat conservé au couvent des Dominicains d'Amiens

CHAPITRE IV

A CHALAIS

Le Chalais d'autrefois et le Chalais du Père Lacordaire. — Bellevue.
Le baptême de la Caravane.

Chalais vit le jour au douzième siècle. Un grand évêque de Grenoble, saint Hugues, y établit une compagnie de religieux en 1108. Il y avait en eux du Chartreux et du Bénédictin : saint Benoît leur prêta ses règles et saint Bruno sa robe blanche. Les seigneurs du lieu leur donnèrent des vignes, le clergé leur fournit des recrues et le pape leur envoya ses bénédictions.

Avec un pareil accueil joint aux tracasseries de la canaille, Chalais devait réussir. Il réussit en effet; il fonda plusieurs maisons qui eurent toutes leur jour, et on vit des Calésiens promener leurs robes blanches jusqu'au pays des blouses rouges, jusqu'en Piémont, jusqu'à Turin.

Toutefois, Chalais au bout de quelques cents ans avait dégénéré de sa ferveur primitive. La crosse en était partie, et l'abbé ne résidait plus guère qu'à Boscodon; Chalais allait périr! C'eût été dommage. L'évêque de Grenoble, Guillaume IV, ne le voulut pas. Il le céda aux fils de saint Bruno. Chalais fut alors pour la Grande-Chartreuse un lieu de repos, l'asile de la faiblesse et des cheveux blancs. Quand le vieux cénobite avait vieilli dans la pénitence et que ses infirmités ne lui permettaient plus de supporter le rude climat du désert, il descendait en ce riant séjour où l'attendaient un soleil moins tardif, un air plus tiède et un régime plus doux.

Mais arriva 89, et Chalais passa en d'autres mains : la Révolution le réclama comme son héritage... et l'obtint. Ah! que devinrent ces jours où la maraude dans les bois du couvent était punie d'une amende de quinze sous! Encore si la noble héritière avait eu le bon esprit de s'en faire une infirmerie comme les Chartreux, ou mieux encore une maison de santé à son usage! Mais le local eût manqué; elle le vendit.

Il était écrit toutefois que Chalais appartiendrait aux robes blanches. Le Père Lacordaire le racheta en 1844, et vint s'y établir avec quelques membres de sa famille naissante. Ce ne fut pas sans peine. Il eut à soutenir contre le gouvernement d'alors une lutte mémorable. Mais le Père avait foi *dans la sainteté* et *dans la justice* de sa cause; il se sentait élu de

Dieu pour être dans notre pays le champion de la liberté religieuse. Chalais reconquis et habité par des moines, c'était une liberté. Il fut donc indomptable, et ni les ruses ni les menaces de M. le ministre des cultes et de son digne acolyte, M. le préfet de l'Isère, ne parvinrent à le faire renoncer à son projet.

Laissons-lui la parole; après l'histoire, la description.

« ..... La maison était pauvre ; l'église avec ses
« épais murs du moyen âge n'était plus qu'un gre-
« nier à foin. Mais quelle majesté dans les bois ! Quelle
« puissance dans les lignes de rochers qui s'élevaient
« au-dessus de nos têtes ! Quels charmes dans ces prai-
« ries qui étendaient plus près de nous leurs gazons et
« leurs fleurs ! De longues allées séculaires, ombra-
« gées d'arbres inégaux, nous conduisirent dans toute
« sorte de lieux cachés, au bord des précipices, au
« fond des torrents, sous des massifs de sapins et de
« hêtres, entre des taillis plus jeunes, et enfin presque
« aux sommets qui étaient comme la couronne de ces
« sites enchantés. La cloche des Bénédictins et des
« Chartreux existait encore dans sa flèche recouverte
« de tuiles de sapins, et l'horloge, qui avait sonné
« pour eux les heures de la prière, nous y appelait à
« notre tour.

« On sut bientôt que le désert de Chalais avait
« refleuri sous la main de Dieu. Des hôtes nous vin-

« rent de toute part, et ce qui n'était plus qu'un
« séjour de gardes et de bûcherons redevint un pèle-
« rinage connu des âmes pieuses. Le soir, dans la
« chapelle à demi restaurée, nous chantions le *Salve*
« *Regina*, selon la coutume de l'ordre, et il y avait
« une grande joie à entendre sur ces cimes, au milieu
« du murmure des vents, la psalmodie qui porte
« jusqu'aux anges un écho de leur propre voix [1]. »

Depuis lors, Chalais n'a pas changé, sauf qu'à présent l'église est tout à fait restaurée et qu'au lieu
d'être un noviciat ce n'est plus pour la famille domi-
nicaine qu'une maison de campagne. Le Tiers-Ordre
Enseignant l'a occupé de 1862 à 1865, époque où il
fit l'acquisition de Coublevie et s'y installa.

Après dîner, nous allons à **Bellevue**, plateau élevé
qui termine le contrefort des Chalves. De ce magnifique observatoire, où l'on arrive par des sentiers
gazonnés, on voit se dérouler les capricieux méandres
de l'Isère, la plaine du Graisivaudan de Vizille à
Tullins; on devine dans le lointain la vallée du
Rhône, on suit la route de Saint-Laurent-du-Pont, on
découvre l'Obiou et Taillefer, immobiles sous leurs
neiges éternelles comme de grands tombeaux couverts
de linceuls blancs.

Nous étions mollement assis sur un tapis de

---

[1] Mémoires.

mousse. Il y eut là un moment vraiment idéal! Nous
prêtions l'oreille aux murmures confus qui montaient
de la plaine, à la chute des cascades, aux tintements
de la cloche monastique et au bruit de quelques
feuilles mortes qui se soulevaient et s'entre-choquaient
sur nos têtes, comme un essaim d'abeilles. De grands
nuages blancs couraient à l'horizon, et c'était plaisir
de les voir se découper en mille figures bizarres,
comme un vaste parchemin sous un ciseau invisible.
Avec un peu d'imagination nous eussions vu passer à
l'horizon tout un monde d'êtres nouveaux. Il y en eut
un surtout qui nous amusa beaucoup par ses formes
grotesques. Il ressemblait quelque peu au géant
Polyphème. La tête, les yeux, le nez, les mains, les
jambes, rien n'y manquait. Il vint un moment où un
coup de vent lui emporta le haut du crâne, et quelqu'un s'avisa de dire qu'il ôtait son bonnet de coton
pour nous dire bonjour.

Ah! chers condisciples, où étiez-vous pendant ce
temps-là? Peut-être dans un brillant salon peuplé de
cartes, de dominos, de visiteurs, de compliments et
d'ennuis; peut-être dans un bel équipage attelé de
pur sang intrépides, peut-être à la chasse, peut-être
à la pêche.

Prosaïsme que tout cela! vous étiez où vous ne de-
viez pas être, vous n'étiez pas à Chalais! C'est là qu'on
se sent vivre, c'est là que le cœur s'agrandit, que

l'esprit et l'imagination prennent de l'envergure tandis que la volonté se trempe comme de l'acier.

En quittant Bellevue, nos estomacs nous rappelèrent à la réalité, nous nous souvînmes que nous n'avions pas dîné. Heureusement qu'à l'hôtellerie une copieuse table nous attendait, préparée avec le soin que les bons frères convers des couvents savent mettre à tout ce qu'ils font.

Le reste de la soirée se passa en joyeux devis dont la caravane fit tous les frais; un de nous avait reçu le surnom de *Frère Jacques* [1] en souvenir d'un excellent frère convers de Coublevie, parce qu'à table il se dévouait avec une sorte de complaisance extrême, pour changer les assiettes, couper le pain, porter l'eau, etc., etc. C'était vraiment un homme rare, ce cher Frère Jacques! il méprisait un peu les arts et les lettres, et tenait toujours en réserve un mot blessant à l'adresse de Cicéron; il faisait profession d'aimer exclusivement les mathématiques et les arts utiles, et disait même quelquefois : « Je suis un peu fou, mais que voulez-vous que j'y fasse? je n'en suis pas cause. »

En revanche, il avait un cœur d'or et un dévouement qui fit de lui plus d'une fois notre providence. Ajoutez à cela que c'était le plus joyeux compagnon du monde. Or, ce soir-là, Frère Jacques s'avisa d'ériger

[1] L. de La Vallée.

la caravane en communauté et de procéder à la répar-
tition des charges. Il fut décidé que notre bande serait
un ordre de chevaliers errants, qu'il y aurait de nombreux chevaliers pour gouverner et quelques frères
pour obéir. Le commandement militaire en fut confié
au *Brigadier*[1]. Un beau soldat, le Brigadier ! Cheveux
blonds, barbe de Silène, teint bronzé, c'était un ensemble séducteur. Il avait surtout une peau, oh ! mais
une peau ! à faire rêver toutes les puces de France et
d'Italie ; aussi fut-il toujours le favori de ces trop
fidèles compagnes du voyageur, et à peine étions-nous
arrivés quelque part, que toutes quittaient leur proie
respective pour se réunir chez le Brigadier.

C'étaient des faveurs peu enviées du brave et calme
M. *Conseil*[2]. Ce brave homme, à qui toute la bande
eut ordre d'aller confier ses peines, avait en grande
estime le proverbe *Mens sana in corpore sano*. Toujours soucieux de ménager sa précieuse santé, il avait
acquis, à force d'opérer sur lui-même, une telle habileté dans *l'art de tâter le pouls* qu'il vous disait, à
première inspection et sans recourir à la montre :
« Vous avez tant de pulsations à la minute. »

A côté du médecin des âmes, il faut mettre le médecin des corps, le joyeux *Docteur*[3], moins illustre par

[1] H. Lochet.
[2] J. Heuzey.
[3] G. Muleur.

ses cures que par sa spirituelle gaieté et surtout par son immortel *chapeau en poils de chameau*. Ah! ce n'était pas un chapeau vulgaire, le chapeau du Docteur! C'était presque un chapeau historique. Il provenait, nous avait raconté son maître, d'une bête remarquable, dont la mère avait porté Napoléon Ier lors

LE CHAPEAU DU DOCTEUR
D'après un croquis de SICHLER.

de la campagne d'Égypte. Si Homère avait vécu trois mille ans plus tard, Homère l'aurait chanté et le bouclier d'Achille aurait eu son pendant; mais hélas! Homère est mort et ne nous a pas même légué sa lyre! Ce n'est pas le chapeau qu'il faut plaindre, c'est le poète : car le chapeau a trouvé une voie pour aller à la postérité, c'est le talent de *Maître Croqueur*[1]. Ce petit artiste de un mètre et demi de haut, aux mous-

[1] L. Sichler.

taches en accroche-cœur, se signala toujours par une ardeur infatigable. Rien n'échappa à ses crayons : après les villes, les montagnes ; après les montagnes, les fleuves ; après les fleuves, les lacs ; après les lacs, les Italiennes.

Pour observer la loi des contrastes, avec Maître Croqueur il faut aligner le *Procureur* [1]. Cet honorable fonctionnaire était *tout en longueur*. La remarquable paire de jambes dont l'avait pourvu la nature, et les chutes fréquentes qu'occasionnait cet ornemen embarrassant, réjouirent plus d'une fois le Frère Jacques et un autre malin compagnon appelé *Frère Anonyme* [2], parce que ses attributions n'ont jamais été bien définies. Doué d'une âme bouillante et d'un jarret de fer, le Procureur n'aurait jamais consenti à marcher autrement qu'à la tête de la caravane; mais il mettait beaucoup moins d'entrain à s'acquitter de ses fonctions, et le bon *Frère Placide* [3] porta la caisse bien plus souvent que lui. Moins fougueux et moins haut sur jambes, l'*Historiographe* [4] ne déployait pas un bien grand zèle; ses retards quotidiens, devenus bientôt légendaires, lui jouèrent plus d'un mauvais tour, et le calepin destiné à recevoir nos impressions de

[1] H. Debains.
[2] P. Heuzey.
[3] G. Le Roy.
[4] E. Ebel.

voyage garda jusqu'à la fin une blancheur immaculée, en sorte que si le ciel ne l'avait pas doué d'une heureuse mémoire, la relation qu'il a eu l'honneur d'écrire serait encore un mythe ou une espérance.

Mais là où se trouve un docteur, un *Pharmacien* [1] est nécessaire; Frère Jacques confia cette charge importante à son ami de cœur. Nous arrivons maintenant à la perle de la communauté, à *Sœur Rose;* Sœur Rose [2] n'était pas une de ces fleurs exotiques que l'on élève en serre chaude et qui ne vivent qu'à force de soins et de ménagements; marcheuse intrépide, mais infirmière assez attentive et lingère très médiocre, elle charmait toute la caravane par sa modestie et son courage.

Telle était la composition de notre communauté, et ainsi furent réparties les charges, de par l'autorité de Frère Jacques et du suffrage universel.

Le dîner fini, on fit la prière du soir et tout le monde monta avec ordre se coucher; mais on était de si belle humeur qu'à dix heures on entendait encore, de la cour du couvent, les éclats de rire des touristes.

---

[1] H. Daillie.
[2] A. Trutat.

D'après un croquis de Sichler, pris sur le chemin de Bellevue.

CHAPITRE V

DE CHALAIS A LA GRANDE-CHARTREUSE

Un chemin mystérieux décrit par un académicien. — Le premier accroc au vestiaire de Frère Jacques. — Halte à Vararey. — Un berger qu'on apprivoise. — Les enfants d'Arcueil. — Le Mont-Blanc. — Un chemin émaillé de fraises. — La vallée des Charmettes. — Dominicains et Chartreux. — Les splendeurs du chemin des Sangles. — Une demi-heure qui paraît bien longue. — Dévouement des deux amis. — Arrivée à la Grande-Chartreuse.

Le lendemain, lundi 12, dès six heures du matin tout le monde était debout, et Maître Croqueur avait déjà pris la vue du couvent.

L'étape devait être longue : ce jour-là nous allions faire, de Chalais à la Grande-Chartreuse, cette magni-

fique promenade si peu connue des touristes, et qui
mérite d'autant plus d'être recommandée, qu'elle
donne seule, maintenant, une idée de la beauté sauvage qu'avait ce pays, il y a vingt ans; alors qu'on
n'avait pas encore gâté, par de prosaïques grandes routes, les plus beaux sites de ces superbes montagnes. Le
Père Lacordaire avait, comme toutes les âmes élevées,
aimé cette sauvage et grande nature, et il avait bien des
fois parcouru ces déserts et ces chemins mystérieux.
Voici avec quelle poésie il en parle dans ses Mémoires : « Le voisinage de la Grande-Chartreuse ne
« tarda pas à établir entre les deux maisons une fra-
« ternité qui était une grâce de plus. Un chemin mys-
« térieux conduisait de l'une à l'autre à travers les
« vallées et les hauteurs qui nous séparaient. Nous
« l'eûmes bientôt découvert. Il fallait six heures pour
« le franchir, tantôt en gravissant par un étroit sen-
« tier la sinuosité des rochers, tantôt en côtoyant de
« vertes et fines prairies, tantôt en s'enfonçant dans
« des forêts profondes, où les arbres ne tombaient
« jamais sous la main des hommes et où l'on rencon-
« trait, tout à coup, des espaces libres semblables à
« des jardins, jusqu'à ce qu'on arrivât à l'espèce d'a-
« bîme où s'élevaient, solitaires et dans leurs repos
« de sept siècles, les grandes édifications sorties de la
« cellule de saint Bruno. Cette route du désert nous
« ramenait ensuite à notre pauvre monastère, et, par-

« venus à un certain point d'où notre œil plongeait
« sur ses toits, ses prairies, et jusque sur le cours
« blanc et rapide de l'Isère, nous retrouvions tou-
« jours avec transport ce beau soleil que nous avions
« laissé le matin, et qui nous attendait le soir, pour

Arrivés au pas de l'Ane, étroit sentier..... Frère Jacques s'écrie :
Mon chapeau ! (Page 61.)
Dessin de Scott, d'après Sichler.

« nous dire cet adieu si cher à tous ceux qui unissent
« sa lumière au souvenir de leur cœur. »

Le T. R. Père Prieur et trois autres religieux ont
l'amabilité de nous accompagner pendant une partie
de la route; ils nous précèdent et nous partons gaiement. Il était huit heures lorsque nous nous enga-
geâmes dans la sombre forêt de sapins qui couvre les
escarpements des Banettes. Arrivés au **Pas de l'Ane**

étroit sentier, qui surplombe un précipice, nous regardions le beau point de vue qu'on y découvre, lorsque tout à coup Frère Jacques gémit douloureusement et s'écrie : « Mon chapeau ! » Nous jetons les yeux sur lui : il était nu-tête ; le pauvre feutre était resté dans la forêt. Frère Jacques fait volte-face et prend son élan. « Je sais où il est ! » nous crie-t-il et il disparaît. Quelques instants après, il revint l'oreille basse et les mains vides : « C'est égal, dit-il, en manière de consolation, je suis à peu près sûr de l'endroit où il est tombé ! » Là dessus, on recommence à grimper ; mais cette aventure ne corrige pas l'infortuné : car il continue à semer un peu tous les jours, sur la route, les débris de sa garde-robe.

Nous montions tranquillement par des sentiers étroits qui tournent la montagne. Soudain, deux vaches se présentent à nous et, par un manque d'éducation fort excusable dans ces hautes régions, se mettent en travers du chemin dans l'intention curieuse de voir notre défilé. Comme le sentier est fort étroit et que leurs cornes sont fort pointues, quelques-uns, parmi les timides, s'émotionnent ; mais après tout ces vaches ne sont nullement belliqueuses, et, sur les instances de nos bâtons ferrés, elles consentent à retourner paître dans la prairie qui nous domine.

Quand, à dix heures un quart, nous arrivâmes au sommet des **petites Banettes** (1505 m. d'alt.), le

temps était clair et un admirable panorama se déroulait
devant nos yeux. A nos pieds, à six cent mètres de
profondeur, on voyait le couvent de Chalais, semblable
à un petit nid caché dans un immense bouquet de
verdure ; en inclinant un peu à droite, la gorge où
se précipite la Roize offrait à nos yeux effrayés ses
horribles escarpements de trois mille pieds de profondeur. Dans la plaine, l'Isère se déroulait comme
un serpent d'argent ; Tullins étalait les splendeurs
de son admirable végétation ; le plateau de Bièvre,
les montagnes du Raz et de Parménie ressemblaient
à de petites collines. Les vapeurs qui se levaient sur
le Rhône à l'horizon nous faisaient deviner son cours,
et ne nous laissaient apercevoir que les sommets de
la chaîne du Vivarais. A notre droite, les maisons
pressées de Rives et de Voiron apparaissaient dans
le lointain comme de petites taches rouges, et se
découpaient vivement sur le teint foncé des prairies qui
les entourent. A gauche, les montagnes du Villard-
de-Lans étaient largement éclairées par le soleil. Au
sud, on voyait la vallée du Drac, le Saint-Nizier et une
partie des Alpes. Après avoir joui de ce magnifique
spectacle, nous arrivâmes en quelques minutes à la
fontaine **De Vararey.** Nous déposâmes nos sacs et
nous fîmes honneur à un déjeuner composé de pain,
de fromage et de chocolat. Un berger nous regardait
manger, debout, appuyé sur son bâton, son fidèle

chien à ses côtés. Nous offrîmes quelques tablettes de chocolat à ce brave homme ; je crois qu'il n'avait jamais vu pareille chose, car il n'osait pas les accepter ; son chien les refusa absolument et préféra notre pain et les croûtes de notre fromage ; mais peu à peu la confiance s'établit, le chien se laissa caresser et son maître nous raconta la vie des bergers dans ces solitudes. Ils amènent leurs troupeaux de la Provence, vers le mois de mai, et les gardent dans ces pâturages jusqu'à ce que la neige les chasse. Coiffés d'un feutre à larges bords, une peau de bique sur les épaules, appuyés sur leur bâton, les chiens à leurs pieds, ils restent immobiles des heures entières perchés sur un rocher, à surveiller leurs troupeaux. Ils semblent mépriser le froid et le chaud, le vent et la pluie. Il y a quelques années, ils furent surpris vers le 15 octobre par une bourrasque si subite et tellement prolongée que plus de cent moutons restèrent ensevelis sous la neige. Ils étaient en ce moment deux bergers, cinq chiens et deux ânes pour garder mille moutons. Ils reçoivent vingt-cinq francs par mois, ont la jouissance d'un mauvais chalet et l'usage du laitage de leurs brebis ; mais ils doivent acheter la farine avec laquelle ils font le pain qui sert à leur nourriture. Ils sont sobres comme tous les montagnards, et intrépides comme les Dauphinois. Je demandais à notre cicérone, en lui montrant les

rochers pointus qui dominaient de trois mille pieds
les sources de la Roize : « Que faites-vous quand vos
moutons vont se perdre de ces côtés ? — Eh ben !
j'allons les prendre. — Mais c'est dangereux, et si

Nous arrivâmes à la fontaine de Vararey... Nous fîmes honneur à un
déjeuner..... (Page 65.)
Dessin de Scott, d'après Siculien.

le pied venait à vous manquer ? — Bah ! je prends
une prise de tabac et je passe vite ! »

Il se disait heureux, et pourtant quel isolement,
quelles fatigues, quels dangers et pour quel salaire !
C'est que ces braves gens aiment leurs montagnes,

et comment ne les aimeraient-ils pas? elles sont si belles! Les paroles de ce berger nous avaient donné à penser, et certaines choses de la vie nous apparaissaient alors sous un jour tout nouveau.....

La fatigue s'était dissipée comme par enchantement : car lorsqu'on se leva pour partir, on était aussi dispos qu'au départ du couvent.

La chaîne des **Chalves** est couronnée dans toute son étendue de mamelons verdoyants où paissent d'immenses troupeaux dans les petits enfoncements qui séparent ces mamelons, et où croissent à l'abri du vent des champs entiers de rhododendrons. Cette alternative fréquente dans les montées et les descentes, et la douceur de cette herbe fine et serrée comme un gazon anglais, nous rendaient la marche très facile : de plus, le déjeuner nous avait mis en gaieté, et l'*Hymne des Enfants d'Arcueil* retentissait dans la montagne; jamais, je crois, M. Lentz[1] n'aurait pu penser que sa musique serait exécutée à une telle hauteur. Au détour d'un mamelon, le Père Barral qui marchait en avant, s'écrie : « Le Mont-Blanc ! le Mont-Blanc » ! Nous accourons ; le Mont-Blanc se dressait en effet devant nous dans toute sa majesté. Nous regardons à notre

---

[1] M. Lentz est l'habile maître de chapelle de l'École ; il a composé la musique de l'hymne d'Arcueil dont les paroles sont du T. R. Père Lécuyer.

[2] Voir les paroles et la musique à la page 198.

droite, et la chaîne des Alpes du Dauphiné se présente étincelante de lumière à nos yeux émerveillés. Des hourras formidables saluent ce magnifique et imposant tableau; nous recherchons entre tous ces sommets le pic de Belledonne que nous espérons aborder dans quelques jours; on nous le montre; alors on l'examine, on le mesure du regard comme un adversaire qu'on veut vaincre, et chacun se promet de faire mentir ceux qui nous ont promis que nous n'y monterions pas. Pendant près d'une demi-heure, nous pûmes contempler ces masses noires, semées de larges champs de neige et dont les sommets, profondément découpés, se dessinaient avec la plus grande netteté sur un ciel sans nuages.

Arrivés au-dessous de la croix d'**Hurtière**, nous tournâmes à droite. Le sentier serpentait à travers un chaos d'énormes pierres tombées d'une crête voisine, de petits sapins rabougris, des troncs abattus par les orages et blanchis par le temps : c'était le désordre et la désolation. Soudain, la pente s'accusant davantage, nous entrâmes dans la **forêt de Génieux** et, à mesure que nous descendions, la forêt devenait plus belle. Chaque rocher nous cachait un point de vue; à chaque fourré succédait une jolie clairière; nous montions, nous descendions pour remonter et redescendre encore. Le sentier se perdait quelquefois au milieu des rochers; mais trop souvent il était rempli de pierres qui roulaient

sous nos pieds, et, sans le secours de nos bâtons ferrés, il nous aurait été parfois difficile de descendre.
Heureusement personne n'avait de respect humain.
Là où la pente était trop rapide, on s'aidait de ses bras,
de ses mains, on glissait sur le derrière et l'on arrivait
ainsi en bas aussi vite que les camarades. Nos sacs
nous jouaient de vilains tours, car ils déplaçaient le
centre de gravité, et ils furent la cause de bien des
chutes. Nous acquîmes ainsi la preuve que nous étions
des montagnards encore bien novices. Enfin, après
une bonne heure de marche, égayée par les rires
qu'excitaient nos dégringolades, et en particulier
celles du Procureur qui voulait cueillir toutes les
fraises qu'il rencontrait, nous arrivâmes dans la vallée de la **Charmette** au chalet des gardes forestiers
(1200 m. d'alt.).

Ce chalet est une belle maison forestière, où restent
pendant toute l'année deux gardes et leurs familles.
Outre l'appartement des gardes, il y a au premier étage
de belles chambres réservées aux agents supérieurs de
l'administration des forêts; mais ces appartements
sont mis fort obligeamment à la disposition des voyageurs, quand ces derniers se sont munis d'une autori-
sation spéciale que délivre l'inspecteur de Grenoble.
Il n'y a pas vingt ans, au lieu de cette belle et confor-
table maison, il n'y avait pour chalet qu'une petite
baraque habitée seulement pendant l'été. En ce temps-

là, on ne pouvait rien voir rien de plus gracieux, de
plus frais, de mieux ombragé, de plus calme que cette
belle vallée de la Charmette ; de petits sentiers pleins
de silence et de mystère s'y rencontraient ; tantôt
serpentant à travers de fraîches prairies , tantôt esca-

CHALET DES CHARMETTES
Dessin de TENAILLE, d'après un croquis de SICHLER.

ladant de petites éminences, d'où l'œil plongeait sur
de magnifiques forêts de sapins et sur les rochers nus
et déchiquetés qui montent à Charmant-Som. Un jour
on avait vu arriver du côté de Tenaison une troupe
d'hommes blancs ; leurs têtes étaient rasées, ils étaient

vêtus d'une robe de bure grossière. Ils causaient joyeusement entre eux. Leur physionomie sereine et douce, leur conversation calme, la gravité et la simplicité de leur maintien indiquaient au voyageur étonné que ces hommes étaient parmi les heureux d'ici-bas. D'où venaient-ils? Où allaient-ils? — C'étaient des Chartreux; ils venaient à la rencontre de leurs amis et frères les Dominicains de Chalais. En effet, un instant après, on voyait ceux-ci descendre de la forêt de Génieux. Ces nouveaux venus avaient aussi la tête rasée et une robe blanche couvrait leurs épaules, leur physionomie ouverte et joyeuse avait à la fois quelque chose de doux et de décidé. Le Père Lacordaire amenait lui-même ses enfants. Les fils de saint Dominique s'étaient mêlés aux fils de saint Bruno, et tous causaient comme causent des frères. Ils se rappelaient sans doute avec bonheur l'antique charité, la douce amitié qui avait toujours uni leurs aînés dans le cloître. Puis tous ces religieux s'étaient réunis autour de l'oratoire de la Charmette, et l'âme élevée vers Dieu, les Chartreux avaient entonné cette belle antienne : *Apostolicus pater Dominicus et pius pater Bruno docuerunt nos legem tuam, Domine.* Les Dominicains avaient chanté à leur tour cette même prière. Les Pères et les Frères avaient rompu ensemble le pain de la charité, et, après ces agapes fraternelles, ces hommes de Dieu étaient retournés à leur couvent.

Quel spectacle! Quelle impression une pareille apparition n'eût-elle pas faite dans ce désert à un homme du monde qui en aurait été témoin! Si les malheureux qui ont la haine des Instituts religieux pouvaient voir de telles scènes, puis suivre ces moines, entrer avec eux dans leurs cellules, vivre de leur vie pendant quelques jours, surprendre les prodiges de patience et de charité qu'ils accomplissent, pour appeler sur ceux qui les persécutent la miséricorde de Dieu, combien ils reconnaîtraient vite qu'on les trompe et que la vraie liberté, la vraie égalité, la vraie fraternité, si elles se trouvent quelque part sur la terre, se trouvent dans le cloître!

Mais, depuis vingt ans, le désert de la Grande-Chartreuse a cessé d'être désert. Les routes ont remplacé les sentiers; les voyageurs, les marchands ont remplacé le touriste et le religieux; on exploite vigoureusement les forêts; on bâtit des usines, et dans quelques années, il ne restera que le souvenir de ces admirables solitudes et de ces pays enchanteurs.

Il était midi passé; nous avions déjà marché pendant quatre heures, et nous n'étions qu'à mi-chemin; nous espérions trouver chez les gardes des mulets pour porter nos sacs, et cette perspective nous consolait de la course que nous avions encore à faire! Nous entrons bravement, et, après avoir salué le brigadier que les Pères connaissaient, nous nous informons. Pas de mulets! Déception générale. Hélas! il fallut bien en prendre son parti. Une heure de repos et une bonne soupe à la crème restaurèrent nos forces. Frère Jacques, toujours infatigable, lava et repassa les mouchoirs de la communauté; Maître Croqueur prit une vue du chalet, et on reprit, en chantant et en cueillant des fraises, le chemin de la Grande-Chartreuse.

Jusqu'au col de Tenaison, une grande route a remplacé le joli sentier d'autrefois; au col commence l'incomparable sentier des **Sangles**. Ce chemin, absolument sans danger quand le temps est beau et quand on n'a pas de prédisposition au vertige, est moins fatigant que celui de la Cochette et ménage au voyageur d'admirables points de vue sur la vallée du Guiers-mort. Formé tantôt par d'étroites galeries suspendues à trois cents mètres au-dessus du torrent, tantôt par un sentier à peine large de deux pieds et creusé sur les parois du rocher, il suit les sinuosités du flanc de la montagne et présente au touriste des points de vue dont la beauté dépasse toute imagination.

Au fond de l'abîme, la route trace son long sillon d'argent, et on aperçoit à travers les arbres les eaux du Guiers bondir de rocher en rocher; on en entend le grondement comme le bruit lointain de l'orage. De l'autre côté de la vallée, une falaise de

six cents pieds de hauteur se dresse droite et nue, et
le voyageur lui-même est comme suspendu aux flancs
d'une montagne dont il ne peut apercevoir la cime.
A certains moments, après un détour, nous nous trou-
vions en face de l'entrée du désert du côté de Four-
voirie ; alors, la jolie Chartreuse de Curière apparaissait de l'autre côté de la vallée, à demi cachée par ses
belles allées de tilleuls et encadrée par ses vertes

Frère Jacques et le Pharmacien se dévouent, se chargent des sacs...
et nous nous mettons péniblement en route..... (Page 74.)

prairies; les montagnes de Miribel formaient l'horizon. Il faut avoir vu ce tableau pour s'en faire une
idée. Nous étions tous, le Brigadier surtout, dans un
enthousiasme qui ne trouve pas de mots pour se tra-
duire. Il fallut pourtant quitter ce site enchanteur :
car il se faisait tard, et nous avions du chemin à
faire. Nous retrouvâmes, à l'habert de **Malamille**, le
sentier de la Cochette, et, après avoir traversé le
Guiers au **Pont de la Tannerie,** nous faisions

halte à cinq heures un quart sur la grande route près de la **Maison Forestière**. Arrivés là, nous n'étions pas loin de la Grande-Chartreuse ; mais la demi-heure de chemin qui nous restait à faire nous apparaissait à l'avance longue comme un siècle. Nous étions tous très fatigués. Maître Conseil et Sœur Rose n'en pouvaient plus ; Frère Jacques et le Pharmacien se dévouent, se chargent des sacs de leurs malheureux compagnons, et nous nous mettons péniblement en route, nous traînant et nous poussant les uns les autres. Si quelqu'un avait rencontré la Caravane en ce moment, il aurait eu bien peu d'estime pour notre courage, car nous faisions tous triste figure. Enfin, à six heures, l'avant-garde entrait au Couvent, où le R. Père Coadjuteur et le Frère Gérasime nous accueillirent avec leur bonté habituelle.

Ainsi se termina notre première grande course. Elle avait duré de huit heures du matin à six heures du soir, et on avait marché tout le temps le sac au dos, sauf pendant trois heures. Tout le monde s'était honorablement tiré de cette épreuve : car, si la fatigue avait été grande à certains moments, la constance de tous avait été digne d'éloges. Mais nous allions oublier cette fatigue, grâce aux soins et aux prévenances des bons Pères.

CHAPITRE VI

DE LA GRANDE-CHARTREUSE A GRENOBLE

Ce que produit un petit verre de chartreuse. — Bonté maternelle du Frère
Jacques. — Une visite dans le couvent. — La chapelle Saint-Bruno. —
Une veillée au clair de la lune. — L'ascension du Grand-Som. — Le col
de Bovinant. — La prière du matin à deux mille trente-trois mètres
d'altitude. — Un délicieux déjeuner. — Une famille anglaise. — Le Révé-
rendissime Père Général. — Nos adieux à la Grande-Chartreuse. — La
route de Saint-Laurent. — Cicéron et le Frère Jacques. — Un bain de
siège sur l'impériale d'un omnibus. — Le sermon du Frère Jacques.

A peine étions-nous débarrassés de nos sacs que
l'excellent Frère Gérasime nous offrit un petit verre
de chartreuse ; c'est par ce charmant et utile procédé
que les Chartreux souhaitent la bienvenue aux voyageurs : cette manière de faire eut notre entière
approbation. On procéda ensuite au logement de la
caravane. Les plus grands d'entre ses personnages
eurent chacun une cellule, et les six plus jeunes furent
installés dans un dortoir, *comme au collège*. Chacun
se casa de son mieux, se reposa et mit un peu d'ordre
dans sa toilette, et, lorsque l'horloge du couvent sonna

sept heures, tout le monde apparut dans la salle de Provence, où la table était dressée. Les omelettes de la Grande-Chartreuse sont célèbres dans les cinq parties du monde, et tous les voyageurs qui ont eu le bonheur de visiter le couvent, en conservent un immortel souvenir. Ce soir-là, le 12 août 1878, le Frère cuisinier, connaissant probablement les hôtes distingués qu'il avait à traiter, s'était surpassé : aussi, d'un accord unanime, vota-t-on des félicitations à ce nouveau Vatel ; c'est vous dire si ce repas fut animé. Le bon Frère Gérasime oublia-t-il que, quand on a huit heures de marche dans les jambes, l'on n'a pas la tête bien solide, ou bien voulut-il laisser à la jeune communauté militante un plus joyeux souvenir de sa cordiale hospitalité en lui faisant goûter plusieurs fois de son exquise liqueur? Je ne sais ; ce qu'il y a de certain, c'est que le petit verre de chartreuse dont il arrosa le dessert produisit un effet inattendu. A peine étions-nous sortis de table, que toute la jeunesse, moins le grave M. Conseil, qui s'était couché, mais y compris Sœur Rose, manifesta une gaieté folâtre, et le dortoir ne tarda pas à présenter l'aspect le plus accidenté. Le petit Frère Anonyme se livre à son divertissement favori, qui consiste à agacer les longues jambes du Procureur. Celui-ci, chez lequel la liqueur généreuse provoquait tout à l'heure d'immodérés élans de tendresse, passe subitement du doux au terrible et pro-

LA GRANDE-CHARTREUSE ET LE GRAND-SOM

Dessin de Scott, d'après une photographie de M. F. Périn.

long cloître d'un effet plein de grandeur et de simplicité. Les cellules des religieux donnent sur ce cloître
par une porte qui ne s'ouvre qu'une fois par semaine,
à l'heure de la récréation hebdomadaire. Une ouver-
ture de quarante centimètres carrés, fermée par une
porte en fer, donne passage au maigre repas du Chartreux. Chaque Père vit retiré dans une petite maison
ouvrant, d'une part sur le grand cloître, et de l'autre
sur un petit jardin clos de murs. Cette petite
maison a un rez-de-chaussée et deux étages; le
rez-de-chaussée comprend un promenoir ayant vue
sur le jardin, un atelier et un bûcher. Au premier
étage une chambre à coucher, un petit oratoire, et au
second étage un grenier; voilà l'habitation complète
d'un Chartreux. C'est modeste assurément, mais de
là à la prison où l'on suppose généralement qu'ils
vivent, il y a encore loin.

Il résulte de cette description que le couvent, vu à
vol d'oiseau, offre l'aspect bizarre et pittoresque
d'une série de petites maisons disposées parallèlement
les unes aux autres, suivant un rectangle dont l'une
des bases serait constituée par la chapelle. Au centre
se trouve le cimetière; à droite du cimetière, de
simples croix sans noms, à demi-pourries et penchées
vers la terre; à gauche, des croix de pierre pour les
Révérendissimes Pères Généraux avec leurs noms
de religieux, la date de leur mort et le mot *Obiit*.

Tout autour du couvent l'entourant d'une gigantesque couronne, les sommets déchiquetés du Grand-Som.

Le reste du jour se passe à faire quelques petites excursions à **Notre-Dame de Casalibus**, puis à la chapelle **Saint-Bruno**, petite construction rectangulaire située un peu au-dessus du monastère et où, sui-

NOTRE-DAME DE CASALIBUS

vant la tradition, le fondateur de l'ordre a d'abord établi ses disciples. Une avalanche survint, engloutit bon nombre de ces bons Pères, et les survivants, trouvant la place mauvaise, abandonnèrent la partie et vinrent habiter l'endroit occupé actuellement par les Chartreux. Ce que cette chapelle renferme de plus curieux, après la pierre authentique de la chapelle de saint Bruno, ce sont des boiseries magnifiques et les portraits de fantaisie des six premiers Chartreux, exécutés tout récemment par un peintre médiocre.

Ce soir-là, nous nous couchâmes de bonne heure, car il fallait partir à deux heures du matin pour faire l'ascension du Grand-Som. On dormait bien; pourtant à onze heures, quelques-uns étaient encore à la fenêtre à contempler le clair de lune. Il faut dire que la chose en valait la peine. Il faisait la plus belle nuit qu'on puisse imaginer; toute la vallée était éclairée comme par un phare puissant; les clochetons couverts de zinc ruisselaient de lumière, les escarpements grisâtres du Grand-Som se détachaient sur un ciel étoilé, le silence de la nuit n'était troublé que par les clochettes des vaches parquées dans la prairie voisine. Il y avait bien de quoi justifier l'admiration de ceux qui préféraient le beau à l'agréable, un splendide spectacle à une bonne nuit. Mais peu à peu la lune se voila, et, à deux heures du matin, quand le domestique vint frapper à la porte du dortoir pour éveiller ceux qui voulaient faire l'ascension, il ne restait plus rien de cette superbe soirée.

Pour plusieurs, les attraits du lit furent plus puissants que ceux de la belle nature, et il y eut seulement neuf membres de la caravane qui suivirent le guide. On s'enfonça d'abord dans un épais bois de sapins, par un sentier large et pavé de gros blocs de pierre, qui monte en zigzags avec une pente de plus en plus accentuée. Précédés du guide qui portait une lanterne, nous avancions à travers la forêt comme des brigands de mélodrame, mornes, silencieux, sombres comme la nuit. L'impression de froid qui nous avait saisis d'abord, n'avait pas tardé à se dissiper par l'exercice; mais nous étions à jeun, et quand on a l'estomac creux, on supporte mal la fatigue. Le Brigadier seul avait eu la précaution de manger un peu de chocolat; aussi quelle gaieté, quelle pluie de calembours! Il n'avait jamais été plus gaulois; mais pour nous, encore à moitié endormis, rien ne pouvait nous distraire. Il nous fallut deux longues heures pour arriver à la lisière de la forêt. Là, le chemin devint plus pierreux, la pente plus abrupte, les sapins moins hauts et moins serrés, les blocs de rochers plus fréquents et moins moussus; ensuite les sapins disparurent complètement; nous tombâmes au milieu d'un véritable chaos de roches brisées et amoncelées par la tempête, de troncs blanchis par le temps et semblables à des spectres allongeant dans la nuit leurs bras décharnés : c'était d'une majesté sauvage à laquelle les ténèbres ajoutaient quelque chose de fantastique. Nous grimpions comme des chèvres au milieu des éboulis, au pied d'une falaise à pic, déchiquetée par le temps et qui semblait prête à s'écrouler sur nos têtes. Enfin nous atteignîmes le **Col de Bovinant** (1666 m. d'alt.), à l'extrémité d'une immense prairie où paissent en été de grands troupeaux. Un instant de repos, une goutte de chartreuse, et nous repartons. Il nous faut d'abord escalader un escalier de rochers qui nous conduit à une prairie couverte de rhododendrons, où une bise du nord nous glace et nous fait hâter le pas ; nous enfilons un étroit sentier qui borde un gouffre de plus de cent mètres de profondeur; à certains endroits, le sentier est si peu large et le précipice si profond qu'on a scellé, dans la paroi du rocher, des mains coulantes pour aider le voyageur ; à ce mauvais passage succède une série de pentes gazonnées qui nous conduisent au sommet. Le guide, le Brigadier et le Procureur arrivent les premiers. Hélas! le pauvre petit Croqueur était encore loin, maudissant ses petites jambes et enviant probablement, pour la première fois de sa vie, les longues bottes de ses grands camarades.

Une grande croix de bois est plantée dans le roc au point culminant (2055 m. d'altitude); nous nous groupâmes autour et nous chantâmes un *Laudate*. Ce fut notre prière du matin.

Une vue magnifique nous dédommagea de toutes nos peines. Le soleil ne se montra pas, il est vrai; mais les nuages étaient plus élevés que les montagnes et ne nous cachaient aucun point de l'horizon

A mille mètres au-dessous de nous et comme au fond d'un abîme, se voyait le couvent; plus haut, au col de Bovinant, un troupeau de moutons qui paissaient sur un mamelon isolé ressemblaient d'une manière frappante à des mites sur un fromage. Vers l'est apparaissait toute la chaîne des Alpes depuis le mont Viso, le Saint-Bernard, jusqu'au Mont-Blanc; à l'ouest, la plaine ondulée qui borde le cours du Rhône; au nord la Dent-du-Chat et le lac du Bourget, puis au delà le Jura,; au sud, Chamechaude et le Petit-Som. Après avoir payé un juste tribut d'admiration à cette grande nature, nous quittâmes avec empressement les sphères élevées du sublime pour descendre aux régions plus positives du pain et du fromage. Un enfoncement nous offrit une salle à manger naturelle, à l'abri du vent glacé du nord qui soufflait sur tout le plateau. Le guide tira de son sac les provisions si désirées et l'on commença à jouer des dents. Jamais plus délicieux déjeuner ne réjouit des cœurs attristés par le jeûne; jamais Sardanapale, ce royal gourmand, ne fit plus d'honneur à ses fameux festins. Trois litres de gros vin du pays, un immense pain et une livre de fromage furent, si je puis m'exprimer ainsi, engloutis en un instant.

La descente nous effrayait un peu à cause de la rapidité de la pente et du peu de largeur du sentier. Elle s'effectua cependant, grâce à nos bâtons ferrés, sans accidents. On jetait son bâton en arrière, en pesant dessus de tout son poids et on se lançait ainsi, en courant, retenu par ce frein d'un nouveau genre.

Nous galopions comme des fous, lorsque, en arrivant au chalet de Bovinant, apparut subitement une caravane où l'élément féminin était représenté par cinq ou six jeunes beautés d'outre-Manche. Les yeux de ces demoiselles se fixèrent immédiatement sur la troupe descendante; aussitôt les touristes dressent l'oreille, rajustent leurs chapeaux et se mettent à gambader comme de jeunes chamois, afin d'étonner les jeunes Anglaises par leur audace; mal en prit au Brigadier qui, au milieu d'une de ses gambades chevaleresques, disparut dans un trou qu'il n'avait pas aperçu. Le reste de la descente s'effectua sans autre incident, et à neuf heures nous étions de retour à la Grande-Chartreuse.

Le Père Barral sollicita du T. R. Père Général, le Père Dom Roque, la faveur d'une audience; elle nous fut gracieusement accordée et on nous introduisit dans la cellule du bon Père. Ce saint religieux, cassé par le travail et les austérités, nous reçut avec une bonté toute paternelle; il s'informa avec intérêt de nos études, des motifs de notre voyage, félicita nos maîtres d'avoir organisé des caravanes scolaires, les engagea à amener chaque année leurs enfants à la Grande-Chartreuse, nous loua d'avoir été élevés à Arcueil et nous donna de bons et utiles conseils. Il voulut bien nous bénir, et nous quittâmes sa cellule très heureux d'avoir vu et d'avoir entendu un religieux dont la vie était si austère et le commerce si aimable. Il ne restait plus

qu'à déjeuner et à remercier le R. Père Coadjuteur de
sa cordiale hospitalité. Il était midi quand nous partîmes à pied pour Saint-Laurent. Une voiture nous précédait, emportant M. Conseil, Sœur Rose et nos sacs.

Aussitôt les touristes..... se mettent à gambader comme de
jeunes chamois..... (Page 86.)

Dessin de Scott, d'après un croquis de L. Sichler.

Jamais route ne fut plus gaiement parcourue. Nous
étions ravis de l'hospitalité si franche et si affectueuse
des Pères ; nous sortions de table et chacun avait
dégusté avec délices le petit verre de liqueur des adieux ;
nos sacs ne pesaient pas sur nos épaules, et un temps
splendide nous faisait jouir des beautés de cette ad-

mirable nature ; aussi quel esprit chez le Docteur !
quelles jolies bêtises Frère Jacques ne nous disait-il
pas ! Quelles exclamations devant les points de vue qui
se présentaient à chaque détour du chemin ! La route
traverse d'abord une forêt parsemée de rochers tombés
des cimes voisines. Les sapins s'élèvent serrés et droits.
On dirait les sveltes colonnettes d'une cathédrale gothique. Quelques-uns ont enfoncé leurs racines dans
des blocs énormes et poussent là comme des fleurs
dans un jardin. Arrivés au détour de **la Croix-Verte**,
nous jetons un dernier regard sur le Grand-Som, et,
disant un dernier adieu à la Grande-Chartreuse, nous
suivons la rive droite du Guiers jusqu'à **Pont-Pérant**.
Cette partie de la vallée est incomparable ; les eaux
du torrent bondissent et se brisent contre les roches à
une immense profondeur ; la gorge s'élargit, se resserre et s'élargit encore. Ici, ce sont de magnifiques
forêts dont les pentes escarpées viennent se perdre
dans les flots du torrent ; là s'élève une gigantesque
muraille d'où s'avancent en saillie d'énormes rochers
qui semblent près de tomber sur nos têtes. Après
qu'on a transversé trois jolis tunnels, tout à coup la
vallée s'élargit, et en arrivant à **Pont-Pérant** nous
apercevons à une immense hauteur, sur la gauche,
l'entrée de la vallée des Charmettes, et ce pittoresque
sentier des Sangles que nous avons suivi trois jours
auparavant.

Arrivés au détour de la Croix-Verte nous jetons un dernier regard sur le Grand-Som... (Page 88.)

Dessin de Scott.

Le Pont-Pérant, élevé de quarante-deux mètres au-dessus du Guiers, nous fait changer de rive ; à partir de ce moment le gracieux succède au grandiose, jusqu'au moment où on arrive aux usines de la Société Vicat.

Nous jetons un dernier regard sur cette magnifique entrée du désert..... (Page 90.)

Dessin de Dalang.

Là, la poésie cesse et la prose commence. La route est défoncée par les charrettes qui portent la pierre ; l'air est obscurci et empesté par la fumée sulfureuse des fours ; le torrent est déparé par des prises d'eau ; aussi nous maudissons cette soif du lucre qui n'a pas su respecter cette route de la Chartreuse si admirée, si aimée et si populaire. Je me trompe : nous n'étions pas tous unanimes dans nos malédictions. Frère Jacques, qui ne voit rien de supérieur à une machine à vapeur ou à une roue hydraulique et qui hait les arts et les lettres, parce qu'il étudie les sciences, s'écrie avec enthousisme : « Ce n'est pas Cicéron qui aurait trouvé cela ! »

Nous arrivons à **Fouvoirie** ; nous jetons un dernier regard sur cette magnifique entrée du désert, et puis nous montons dans le prosaïque omnibus qui doit nous conduire à Grenoble par la Placette et Voreppe. Les plus pressés grimpent sur l'impériale et les retardataires prennent sagement les places d'intérieur. Nous traversons **Saint-Laurent du Pont** et **Saint-Joseph de Rivières**. La route est belle, et nous voudrions bien admirer les escarpements de la Grande-Sure que nous laissons à notre gauche ; mais le temps s'est couvert. En arrivant à **la Placette**, une pluie serrée commence à arroser nos camarades qui sont sur l'impériale ; leurs plaids les garantissent bien un instant ; mais, à la longue, l'eau coule sur les banquettes et leur procure un bain de siège économique et très abondant. Frère Jacques et le Brigadier essayent de construire une espèce de tente avec leurs bâtons et le châle de Frère Placide ; mais le vent, qui souffle par rafales, enlève leur trop frêle abri. Les

uns pestent, les autres crient : tous se fâchent d'abord
contre la pluie, et aussi contre le cocher qui s'arrête
à tous les cabarets qu'il rencontre le long du chemin.
Hélas ! se fâcher n'avance à rien. Cela n'empêche ni

FRÈRE JACQUES RACONTE L'HISTOIRE DE GÉDÉON
Dessin de Scott, d'après un croquis de L. Sichler.

la pluie de tomber, ni le cocher d'avoir soif ; alors
on se met à rire, mais ceux qui rient le plus sont les
bienheureux retardataires qui ont pris les prosaïques
places de l'intérieur.

Cependant la route est longue, et, pour tuer le
temps, on chante des airs connus sur un ton plus ou

moins faux, ce qui fait crier les oies et hurler les chiens sur notre passage. La population des petits villages se met avec ébahissement sur le pas des portes pour nous voir passer; finalement, dans le dernier bourg que nous traversons, humiliation ! notre respectable caravane est prise pour une troupe de saltimbanques se rendant à la foire de Grenoble, et, malgré la pluie, on fait cercle autour de nous pendant que notre automédon va prendre un dernier petit verre. Frère Jacques, toujours à la hauteur des circonstances et fouillant promptement dans ses vieilles archives scolaires, en tire, en manière de boniment et avec un accent belge des mieux imités, l'histoire de Gédéon, bourgmestre de Bruges, qu'il conte à son auditoire ébahi. Mais on se lasse de tout, même de chanter ou de parler à un indulgent public ; d'ailleurs, il pleut toujours, et le meilleur bain perd beaucoup de ses charmes quand il est trop prolongé. Aussi fut-ce avec plaisir qu'on arriva à Grenoble et qu'on s'installa à l'excellent hôtel de l'Europe tenu par M. Besson.

GRENOBLE

1. Belledonne. — 2. Petite-Lance. — 3. Colon. — 4. Chaurousse. — 5. Rochers-de-l'Homme.

CHAPITRE VII

DE GRENOBLE A URIAGE PAR BELLEDONNE

Une agréable surprise. — Le Rondeau. — La perle des économes. — Un tour à la foire. — Ce qu'il y a de plus beau à Grenoble. — On part un vendredi. — Premier contre-temps. — Plusieurs autres contre-temps. — Monsieur et madame Arnaud. — Le défilé de la caravane. — Maître Historiographe avait raison. — Notre âne prend un bain. — Surpris par la nuit. — Le chalet de la Pra. — Un dortoir improvisé. — Escalade du Pic. — Des nouvelles du Club Alpin. — Un habile photographe. — Le festin de Balthazar. — Une salade de nos sacs. — Uriage.

Le Rondeau est une belle maison située à vingt minutes de Grenoble entre le Drac et l'Isère. Cette maison déjà ancienne a, depuis longtemps, acquis un rang des plus honorables grâce à l'intelligence de ses directeurs et la force de ses études. M. le Directeur, membre zélé du Club Alpin, étant au Lautaret, où avait lieu, ce jour même, la réunion générale de cette Société, ce fut M. l'abbé Deminjon, économe, qui fit les honneurs de la maison. MM. les professeurs et lui rivalisèrent à qui nous ferait le meilleur accueil et nous comblèrent de bontés. Après la messe, des distractions de toute nature nous attendaient; rien n'y manqua, pas même les agréments d'un bain froid que nous prîmes tous dans les belles eaux de la Romanche. Je me trompe : le prudent M. Conseil et le frileux Historiographe s'en abstinrent.

M. l'économe nous avait condamnés à dîner au Petit Séminaire; la condamnation fut subie par la caravane avec un vrai plaisir, car le dîner était un dîner de grande fête où nous pûmes constater et affirmer deux choses : que le cuisinier était un cuisinier très habile et que M. l'économe ne le fut pas du tout ce jour-là. Le soir nous fûmes heureux de chanter au Salut, et nous quittâmes le Rondeau avec le seul regret de n'avoir pu exprimer à ces messieurs, aussi bien que nous le désirions, tout le plaisir que nous avait fait leur accueil si paternel. Le Père Barral avait bien raison quand il nous disait : « Vous mangez maintenant votre pain blanc. Coublevie, Chalais, La Grande-Chartreuse, le Rondeau, c'est encore la vie de famille ; jouissez-en bien, car cela ne durera pas toujours. »

Le reste de la journée fut consacré à visiter Grenoble. Ce jour-là tombait la grande foire. Les bonnes gens de la campagne avaient envahi la ville. C'était plaisir de les voir fiers et contents dans leurs plus beaux habits de fête, au bras de leurs femmes et suivis de leurs petits enfants. Les uns portaient des blouses bleues, toutes reluisantes, fraîchement empesées, ornées de broderies et de boutons blancs ; d'autres étaient perdus dans de longues redingotes, dans un immense col droit, et sous de hauts chapeaux noirs ; d'autres enfin portaient gentiment une jolie veste noire et le feutre à larges bords ; leur gaieté, l'ardeur

LA FOIRE DE GRENOBLE
Dessin de FERDINANDUS.

avec laquelle ils se livraient aux divertissements qu'on rencontre dans ces sortes de réunions, furent pour nous un spectacle divertissant.

La ville a quelques beaux monuments, deux belles places, un joli jardin ; mais ce qu'il y a de plus beau et qu'on ne peut trouver qu'à Grenoble, c'est le magnifique panorama des montagnes qui l'entourent. Des quais, et surtout de la butte du Jardin des plantes on le découvre tout entier, et, comme ce jour-là il n'y avait pas de nuages, il nous était très facile de distinguer les sommets. Celui de Belledonne attirait principalement nos regards, d'abord parce qu'il forme le point le plus haut de la chaîne qui était devant nous, et aussi parce que c'était le sommet que nous devions escalader le lendemain.

En effet, le vendredi 16 était un grand jour : nous devions commencer l'ascension de la grande montagne. M. Périn, secrétaire général du Club Alpin de l'Isère, avait préparé cette expédition et en avait prévu les moindres détails ; aussi avait-il répondu du succès. A huit heures du matin, par une petite pluie fine, tous équipés de pied en cap et enveloppés dans nos plaids, nous stationnâmes devant l'hôtel, attendant la voiture qui devait nous conduire à Domène. A huit heures et demie nous attendions encore ; déjà la foule s'attroupait autour de nous. Le Père étonné court s'informer de la cause de ce retard et revient bientôt avec la solution. Le cocher avait répondu : « La voiture ne part pas quand il pleut. » La réponse, à défaut d'autre mérite, était au moins originale ; mais qu'y faire ? Il nous restait une ressource, le chemin de fer ; sans tarder nous gagnâmes la gare, et à dix heures nous étions à **Domène.**

Là, autres mésaventures : pas de mulets, pas de guides. Arnaud, l'aubergiste de Revel, qui devait recevoir la caravane n'était pas à son poste, tant pis ; il n'y a pas de mulets, nous porterons nos sacs ; il pleut, nous laisserons la pluie tomber. Comptant sur notre bonne étoile, le Père s'écrie : En avant ! il avise un gamin, lui demande la route et nous partons. Le chemin est raide et glissant ; le brouillard et la pluie nous empêchent de voir le paysage et d'admirer les ruines d'un vieux château que nous laissons à notre droite. Mais on tient bon : après une heure et demie de marche nous atteignons **Revel**. La caravane se précipite dans l'auberge en demandant M. Arnaud. Troisième contre-temps : M. Arnaud n'était pas chez lui. « Il est allé à votre rencontre jusqu'à Grenoble, nous dit sa femme, et moi-même je ne vous attendais plus à cause du mauvais temps. » Il n'était pas midi ; rien n'était perdu. Nous faisons sécher nos habits pendant qu'on prépare notre repas, et bientôt après nous dévorons un certain nombre d'omelettes et un monceau de pommes de terre frites. Une tasse de café bien chaud achève de nous mettre en belle humeur. En ce moment, M. Arnaud ouvre la porte et apparaît radieux ....mais haletant ; le pauvre homme nous poursuivait depuis Grenoble ! Il nous demande avec anxiété : « Que voulez-vous faire, messieurs ? — Monter ! répondons-nous tous ensemble — C'est bien, dit-il, vous êtes des braves. »

Vers une heure, les mulets étaient chargés, le

guide Bernard Marquet prend la tête de la caravane ;
puis viennent les voyageurs, Baptiste Lyaud le second
guide, M. et Mme Arnaud, les bêtes et leurs conduc-
teurs. Total vingt personnes et quatre bêtes. La pluie
menace, le prudent Historiographe prend gravement
son plaid ; hélas ! cet acte de prévoyance est accueilli
par des éclats de rire et l'infortuné a la faiblesse de
céder à l'opinion publique. A deux cents mètres de
Revel, de larges gouttes commencent à tomber, et une
grosse averse vient venger notre pauvre Historiographe
et légitimer ses appréhensions. Il faut dire que le
bonhomme ne savourait guère une pareille vengeance,
et trouvait le procédé de démonstration infiniment
trop humide pour son goût ; il ne songeait point d'ailleurs à se prévaloir de la sûreté de l'instinct qu'il a
de commun avec les poules et les chats. Heureusement un hangar se présente ; on s'y met à l'abri pour
attendre le mulet qui porte les plaids ; mais le beau
temps n'est pas encore rétabli que déjà on parle de
repartir. Maître Conseil, que l'infortune a rendu
encore plus prudent, et l'Historiographe unissent
leurs efforts pour persuader à leurs confrères d'attendre encore quelques instants ; c'est en vain ! Qu'ar-
rive-t-il ? un quart d'heure après, au milieu d'un plateau, voilà toutes les cataractes du ciel qui s'ouvrent
à la fois. C'est une véritable inondation ; c'est le déluge
moins l'arche de Noé. Maître Conseil et son frileux

compagnon, exaspérés, s'élancent au galop, pestant comme des Sarrasins, et gagnent en quelques minutes les granges de **Freydières** où trempés, silencieux, mélancoliques, ils attendent le reste de la bande. Ils sont bientôt rejoints par le Docteur aussi guilleret qu'en un jour de beau temps, et par leurs autres camarades qui prennent philosophiquement leur parti de ce fâcheux épisode.

Il n'y a rien de tel que l'expérience. Lorsque la pluie cessa, tous furent unanimes à déclarer qu'il fallait prendre les plaids. Nous recommençâmes à monter à travers une forêt de sapins par un sentier raboteux, mal tracé ; nous arrivâmes au bout d'une heure à la zone des pâturages, au **Pré Rémon**. Là, sur un petit mamelon, Mme Arnaud, le Brigadier et le Frère Jacques, qui étaient partis en avant, avaient allumé du feu. La troupe s'arrêta pour faire sécher ses vêtements et se réconforter un peu. Pain, fromage, vin, furent tirés successivement des paniers que portait l'un des ânes, et je n'ai pas besoin de raconter l'accueil qu'on leur fit. J'aurais dû dire plus tôt que nous avions trois bêtes de somme, un mulet, un âne et une ânesse. Le mulet portait nos sacs, l'âne la paille destinée à nous servir de lit, l'ânesse les provisions et la batterie de cuisine. N'oublions pas un charmant petit ânon gris perle, qui n'avait pas voulu quitter sa maman et qui galopait sur les flancs de la colonne.

Du Pré Rémon on aurait dû avoir une vue très étendue, mais des brouillards et des nuages étaient au-dessous de nous ; le soleil se reflétant sur eux leur donnait l'aspect de la neige fouettée par le vent ; leur surface unie s'étendait à perte de vue, et coupait le flanc de la montagne avec tant de netteté, qu'on aurait pu se croire sur une île au sein d'une mer écumeuse. Parfois le rideau se déchirait et on apercevait à plus de mille mètres au-dessous de soi la vallée du Graisivaudan. Une fois reposés et restaurés, nous reprîmes notre marche ascendante par une pente assez raide couverte d'airelles. Au delà de la **Combe de Lancey**, en côtoyant le pied d'une roche escarpée, nous trouvâmes le sentier embarrassé par les débris d'une avalanche toute récente, ce qui nous fit instinctivement presser le pas. Nous arrivâmes quelques instants après au milieu d'un site accidenté et sauvage qui contourne le Colon, large sommet que la foudre laboure fréquemment. Ici le sol est couvert tantôt de verdure, tantôt de rochers au milieu desquels poussent de magnifiques rhododendrons. Ces arbustes étaient justement en pleine floraison, et leur belle couleur rouge vif tranchait agréablement sur le fond gris qui les entourait. C'est là que se trouve la **Pierre du Mercier**, monceau de pierres jetées une à une par les voyageurs sur la tombe d'un pauvre marchand mort de froid, il y a cinquante ans.

On arrive à un torrent qu'il s'agit de traverser sans trop se mouiller les pieds; les plus adroits sautent de pierre en pierre, les autres se mettent dans l'eau jusqu'à la cheville. Quant aux bêtes, si elles allaient choir, quel désastre! Précisément l'âne qui porte la paille bronche au milieu du

Vite on accourt; les uns le tirent par la queue, les autres...

torrent. Vite on accourt; les uns le tirent par la queue, les autres par la bride : l'animal est bientôt hors de l'eau; mais la paille.... et chacun de se dire *in petto* : Comme on va bien dormir! Nous longeons les bords du lac du **Crozet** (1968 m. d'alt.). La nuit étend peu à peu ses voiles sur ce paysage désolé. Plus d'herbe, plus de fleurs : rien que des éboulis de rochers au milieu desquels on marche difficilement. A gauche, menaçante et comme suspendue au-dessus de nos têtes, se dresse la Dent du Loup avec les escar-

pements presque inaccessibles de la Grande Lance
(2855 mètres). En face, les rochers de La Pra qu'on
prendrait pour les ruines de quelque forteresse. A
droite, le Rocher Fendu (2595 mètres). La marche
devient de plus en plus lente : de temps en temps on
s'arrête pour s'attendre et se compter, car la nuit est
arrivée, et l'infortuné qui se perdrait au milieu de
ce chaos risquerait fort de ne pas rejoindre ses compagnons de route. L'obscurité devient de plus en plus
grande ; on voit à peine celui qui est à quelques
mètres devant soi, et on ne marche qu'en sondant,
avec le bâton, l'endroit où on va mettre le pied.

A ce moment, un orage de grêle nous force à nous
embarrasser de nos plaids ; le Père devient inquiet ;
la colonne s'arrête ; on s'appelle, on se recompte. Nous
arrivons enfin sur le **col de la Pra** ; puis nous des-
cendons en suivant le bord d'un torrent qui bondit
de rocher en rocher, et, quelques instants après, une
forme indécise de maison semble se dessiner au-
dessus de nous. Les deux fourriers de la bande et
Mme Arnaud y font certainement chauffer la soupe.
Nous voyons tout à coup les étincelles danser gaiement
au-dessus de la cheminée : Le chalet ! Le chalet ! Ce cri
vole de bouche en bouche. Nous pressons le pas, il n'y a
plus de fatigue, chacun se réjouit. Passer la nuit dans
un chalet ! quel bonheur ! Du repos, un bon feu, de
la soupe chaude ! Les pauvres Hébreux, dans le désert,

n'espéraient pas trouver, dans la terre promise, plus
de délices que nous dans ce chalet tant désiré. Assurément nous y serons bien, très bien ; comme on va
se chauffer autour de la cheminée !.... Tout à coup, on
entend un cri, puis deux, puis trois, puis plik, pluk,
plok. Chacun patauge jusqu'à la cheville dans une

LE CHALET DE LA PRA
Dessin de Scott, d'après une photographie de M. Duhamel.

mare de bouse qui entoure la maison comme un
fossé. Il était huit heures et demie, nous étions au
chalet de la Pra.

Le chalet est une misérable cabane bâtie à l'entrée
d'une prairie marécageuse que traverse le Doménon.
Il est abrité du vent du nord par une ceinture de
rochers qui court de l'est à l'ouest. La position de la

cabane est heureusement choisie, et il faudrait très peu de frais et de temps pour construire, à la place de ce misérable taudis, un chalet convenable. Mais le Conseil municipal de Revel refuse de laisser construire une maison à la place du chalet, de peur qu'elle ne devienne le refuge des voleurs. Cinq ou six bergers demeurent pendant tout l'été dans ce pauvre réduit. Cette cabane est composée d'un rez-de-chaussée et de deux greniers; le rez-de-chaussée comprend la cuisine, dont la cheminée vomit des torrents de fumée, et une chambre à coucher, dans laquelle trois ou quatre personnes peuvent passer la nuit sur un lit de camp; or nous étions vingt.

On monte dans les deux greniers par une fenêtre et par une trappe. Nous nous dépêchons de porter au grenier la paille fraîche dont l'âne était chargé; nous abandonnons la cuisine aux bergers et la chambre aux guides, que le Père Lachau et M. Conseil ne tardent pas à rejondre, et ensuite nous escaladons par la fenêtre les appartements réservés. Le Frère Jacques et le Brigadier s'installent dans le plus petit et tous les autres s'entassent dans le grand. Puis on dîne avec une soupe au riz et des œufs durs; l'on fait sa prière et l'on se couche. Mais se coucher n'est pas une opération facile, car notre appartement n'a que quatre mètres de longueur sur trois mètres de largeur. Après avoir examiné le local,

mesuré et remesuré, et fait mille combinaisons
géométriques, nous nous étendons sur deux files
parallèles, toutes les têtes au milieu, tous les pieds
au mur. Les sacs servent d'oreillers et les plaids de
couvertures. Une lanterne et deux bougies jetaient
une clarté incertaine sur ce pittoresque dortoir. On

On cause, on rit, les uns raccommodent leurs guêtres, d'autres
écrivent quelques notes.....

cause, on rit : les uns raccommodent leurs guêtres,
d'autres écrivent quelques notes ; quelques-uns gro-
gnent et d'autres rêvent. Enfin, au bout d'un certain
temps on essaye sérieusement de dormir en dépit
des courbatures, du froid, des puces et de la pluie qui
passe à travers le toit.

De doux rêves remplaçaient déjà pour nous la triste
réalité, lorsque soudain un cri formidable et prolongé, qui retentit dans la montagne, nous arrache
violemment au sommeil. C'est un de nos ânes qui

éprouve le besoin de nous communiquer ses impressions nocturnes.

Un immense éclat de rire répond au braiement de Maître Aliboron, puis le sommeil reprend son cours. Mais vers minuit le malencontreux Procureur, qui ne fait jamais rien comme les autres, se lève pour aller saluer les étoiles et promène ses larges souliers sur les jambes de ses voisins « *murmur crescit eundo*. » C'est un vrai concert de grognements. Son inspection faite, cet honorable fonctionnaire oublie de fermer la fenêtre qu'il vient d'ouvrir; un vent glacial pénètre dans la chambrée et soulève une nouvelle tempête de cris.

Le lendemain matin, à quatre heures et demie, on se réveille gelé, dévoré et les côtes rompues. Il faisait un temps superbe : pas un nuage au ciel, pas un souffle dans l'air. Une tasse de café chaud est promptement avalée et nous nous mettons en route, en remontant les torrents qui sortent des **lacs Doménon** et qui forment, dans l'espace de quelques centaines de mètres, plusieurs cascades. Le petit Doménon était complètement gelé; le grand l'était seulement en partie et charriait des glaçons flottants. Nous nous arrêtons sur ses bords pour déjeuner. De là il faut plus de deux heures et demie pour atteindre la croix de Belledonne.

Nous gravissons des éboulis très pénibles, la neige

du Névé étant trop dure et trop glissante pour en
escalader la pente. Au moment où nous franchissions
le dernier grand plateau du Névé qui monte en pente
douce vers la croix, nous nous entendons appeler,

LES TROIS PICS DE BELLEDONNE
Dessin de Dalang d'après une photographie de M. Duhamel.

et nous apercevons deux hommes sur un pic à notre
droite. C'étaient le capitaine Allotte de la Fuije et son
guide ; ils arrivaient du Lautaret, par Allemont. Cet
intrépide alpiniste avait épuisé ses provisions ; nous
lui offrons un petit verre de chartreuse et nous lui pro-

mettons un bon dîner à La Pra. Il accepte d'être des nôtres, et nous grimpons ensemble jusqu'à la croix.

Il y a trois pics à **Belledonne**. Celui du milieu est inabordable, il n'a jamais été gravi ; le grand pic, (à gauche dans le dessin), plus haut de quelques mètres seulement, n'a été gravi qu'un petit nombre de fois, la première fois en 1859, puis en 1873 et en 1875 ; l'ascension en est très dangereuse ; enfin le troisième, qui porte une croix de bois, a 2891 mètres d'altitude. Il est facilement abordable par le Névé (très visible dans le dessin). La croix est plantée sur une plate-forme à peine large de quelques mètres carrés, autour de laquelle s'ouvrent de trois côtés des précipices effroyables. La foudre frappe fréquemment et émiette la roche noire dont se compose ce sommet, qui n'est plus maintenant qu'un amas de pierres brisées.

La vue que l'on découvre de la croix est une des plus vastes et des plus belles dont on puisse jouir en Dauphiné. À nos pieds nous apercevions les glaciers de Freydame. En regardant à l'ouest, au nord et à l'est, nous voyons par-dessus la grande Lance tous les pics du massif de la Grande-Chartreuse, la Grande-Sure, les rochers de Chalves, Charmant-Som, le Grand-Som, la Dent du Nivollet, le massif des Bauges, le lac du Bourget, la chaîne du Jura, la chaîne du Mont-Blanc, le groupe du Saint-

HALTE SUR LE PIC DE BELLEDONNE, 2981 mèt.

Dessin de DALANG, d'après une photographie du capitaine ALLOTTE DE LA FUIJE.

1. Bec de L'homme (3457 mèt.) — 2. Pic occidental de la Meije (3987 mèt.) — 3. Brèche de la Meije (3369 mèt.) — 4. Rateau (3754 mèt.) — 5. Tête du Replat (3432 mèt.) — 6. Pic de la Grave (3649 mèt.) — 7. Plaret (3570 mèt.) — 8. Jandri (3292 mèt.) — 9. Aiguille du plat de la Selle (3608 mèt.) — 10. Clochâtel (3575 mèt. — 11. Id. (3564 mèt.) — 12. Tête des Fétoules 3465 mèt.) — 13. Saut des Rouies (3634 mèt.) — Col de la Muande (3059 mèt.) — 15. Cime du Vallon (3413 mèt.) — 16 Aiguille d'Olan (3883 mèt.) — 17. Aigle des Arias (3401 mèt.) — 18. Pic signalé (3263 mèt.) — 19 Tête de Loranoure (3341 mèt.) — 20. Roche de la Muzelle (3459 mèt.) 21. — Clapier du Peyron (3171 mèt.)

Bernard ; au sud, la Meije, le vaste massif du Pelvoux avec ses pics, ses glaciers et ses neiges éternelles ; plus à droite, la vallée du Vénéon, le col d'Ornon, les montagnes de l'Infernet, la vaste masse du Taillefer ; à l'ouest, la chaîne calcaire dont les sommets les plus remarquables sont le mont Aiguille, la Moucherolle ; puis les massifs de Saint-Nizier ; par-dessus cette chaîne, les montagnes du Royannais, et à l'horizon, de l'autre côté du Rhône, les sommets bleuâtres de l'Ardèche, du Vivarais et le Gerbier des Joncs, d'où descend la Loire ; à l'est, la vallée de l'Eau d'Olle, le Grand Charnier, les montagnes des Sept-Laux, les Rousses, la vallée de la Romanche, le mont de Lans et une foule d'autres pics secondaires. Le capitaine Allotte et le guide Bernard nous nommaient l'un après l'autre tous les sommets qui nous entouraient, et le capitaine qui, à beaucoup d'autres talents, joint celui d'être un habile photographe, prit une photographie du panorama dont la Meije faisait le fond, en nous faisant les honneurs du premier plan. C'était pour la caravane le comble du bonheur d'être photographiée au sommet du Belledonne.

Au bout de trois quarts d'heure de repos et de contemplation, nous reprîmes la route de La Pra. La descente était autrement facile que la montée ; il s'agissait seulement de ne pas aller rouler sur les rochers qui coupaient çà et là le champ du Névé ; mais le soleil

avait fait fondre la surface de la neige, et on pouvait
assurer aisément son pied là où les pentes n'étaient
pas trop raides. Tout le monde obéissait scrupuleuse-
ment aux ordres de Bernard, sauf un petit montagnard qui était monté avec nous. Voulant probablement nous faire admirer sa souplesse et sa solidité,
il se lança à la ramasse du haut du Névé et descendit
avec la rapidité d'une flèche. Une petite crevasse se
trouvait sur son passage ; il y fut précipité ; mais la
vitesse acquise était si grande, qu'il rebondit en
dehors, retomba sur sa tête et de culbute en culbute
arriva au bas du Névé. On se hâta d'aller à son
secours... Il n'avait aucun membre cassé. Cet incident calma les plus audacieux.

Il était plus de dix heures lorsque nous rentrâmes
à La Pra. Quelques instants après nous fûmes conviés
par Mme Arnaud à un splendide festin. Comme
probablement un dîner semblable n'a jamais été
servi à une pareille altitude, je vais en conserver
l'ordonnance pour l'édification des caravanes de l'avenir et pour rendre hommage au zèle intelligent et
énergique de notre cordon bleu. On nous servit un
excellent bouillon de bœuf, puis le bouilli et des
légumes, du saucisson et des radis, des poulets rôtis,
des truites du Doménon, des pommes de terre au
beurre, de la salade, du café et du cognac. Une belle
nappe aussi blanche que la neige était étendue sur

l'herbe : Frère Jacques et le Brigadier avaient dressé une petite tente avec les plaids et leurs bâtons. Il paraît, disait le malin Frère Anonyme, qu'ils tenaient à défendre la fraîcheur de leur teint contre l'ardeur du soleil. Tout était excellent et en abondance : on dîna joyeusement, en portant des toasts au capitaine, au Club Alpin, aux caravanes scolaires, à la famille Arnaud, à nos chers absents, etc., etc. Après le dîner nous eûmes le regret de voir partir notre aimable capitaine. Il devait dîner le soir à la Préfecture et danser après le dîner. Avouez que pour faire de pareils tours de force il faut être un vigoureux Alpiniste et un enragé danseur.

A une heure on chargea nos sacs sur les mulets et nous nous dirigeâmes vers Uriage. Jetons le voile sur cette pénible descente qui dura près de six heures, et dont la monotonie ne fut égayée que par la vue des cascades magnifiques du Doménon et attristée par l'accident arrivé à notre mulet. Le muletier, qui n'avait qu'une idée fort vague de la route qu'il devait suivre, s'engagea, par des sentiers impraticables, dans une combe au-dessus de la cascade de l'Oursière, magnifique chute d'eau qui tombe à pic d'une hauteur de cent mètres. Là, le mulet butte contre une pierre et dégringole jusqu'au fond du ravin. Le muletier consterné court à sa bête ; celle-ci se relève, se secoue et regrimpe pour rejoindre le sentier, avec un air modeste et posé qui dénote sa confusion. Le mulet n'a rien, c'est chose évidente pour le muletier à qui cela suffit; mais les sacs!!! ils ont servi de matelas au quadrupède et ils manifestent par les larges ouvertures de leurs plaies que leur protection a été oppor-

Là, le mulet butte contre une pierre et dégringole
jusqu'au fond du ravin. (Page 115.)

tune. Tous sont plus ou moins défoncés et les courroies sont cassées; dans l'un il manque un soulier, dans l'autre un livre, dans celui-ci les objets de toilette, dans celui-là un vêtement. Ce furent surtout les sacs des plus prévoyants qui eurent à souffrir: ceux-ci avaient serré au milieu de leur linge, de la chartreuse, du chocolat, de l'essence de café, de la chandelle, du sucre et une foule d'autres ingrédients. Quelle cuisine après la dégringolade! Nous voyez-

sur les rochers escarpés ; tout y est triste, sec et
maigre. Mais à peine avions-nous fini de descendre que
tout changea autour de nous ; nous étions dans le joli
Vallon de Sainte-Catherine; alors la facilité de la

Inspirèrent à plusieurs, et surtout à Frère Jacques qui
était trombonne dans.....

marche et le besoin de tuer le temps inspirèrent à
plusieurs, et surtout à Frère Jacques qui était trombonne dans la fanfare d'Arcueil, la funeste idée de
chanter les airs les plus rococos de leur répertoire.
L'odieuse persévérance avec laquelle ils torturèrent

les oreilles de leurs malheureux compagnons finit par exaspérer au plus haut point le calme M. Conseil et l'Historiographe, et, comme l'allure de la troupe était devenue désordonnée, ce dernier, qui n'aime pas mieux les marches forcées que les scies musicales, n'eut qu'à garder le pas ordinaire pour être bientôt distancé et échapper ainsi à l'horripilante trompette de Frère Jacques.

A peine arrivés à Annecy, vers midi, nous courûmes au lac et nous prîmes un excellent bain froid. Après que nous eûmes dîné à l'hôtel d'Angleterre, le reste de la journée fut consacré à une promenade sur le lac. M. Dunand voulut nous accompagner. Ce magistrat éminent, dévoué aux œuvres de la jeunesse, connaît admirablement l'histoire de son pays, de ses villages, de ses châteaux, de ses ruines ; il aime son beau lac, comme tous les habitants d'Annecy savent l'aimer ; nous eûmes donc l'avantage de jouir, pendant tout le temps de la promenade, de la conversation la plus intéressante. Nous saluâmes tous avec respect **Talloires**, la patrie de Berthollet. Berthollet est né dans ce village en 1748 ; il a travaillé à Arcueil, là où est actuellement notre école ; il y est devenu illustre, il y est mort en 1822, et voici que nous, rassemblés à Arcueil de tous les points de la France, nous allons en Savoie, conduits par nos maîtres, saluer le berceau de ce grand savant !

Nous devions passer la nuit à Annecy, et M. le Principal du collège avait bien voulu mettre des lits à notre disposition ; mais l'affluence des voyageurs attirés en ville par les fêtes rendait les voituriers intraitables. Aucun ne voulut nous promettre une voiture

Dessin de Scorr, d'après une photographie (Page 154).

pour le lendemain, et pourtant il nous fallait arriver le lendemain soir à Saint-Gervais. Nous résolûmes alors de partir immédiatement et d'aller coucher à Thones. Le Père alla au collège remercier M. le Principal, et, après avoir pris congé de M. Dunand, nous montâmes en voiture à sept heures et demie.

Il faisait nuit ; rien d'intéressant ne signala ce voyage. Nous arrivâmes à **Thones** à onze heures et demie du soir. On nous attendait à l'hôtel du Plain-Palais ; nous en repartîmes le lendemain à neuf heures du matin, accompagnés d'une mauvaise carriole qui portait nos sacs. Notre projet était d'aller coucher le soir même à Saint-Gervais, en passant par le col des Aravis.

Que de temps et de paroles dépensés pour trouver cette méchante charrette ! Dès sept heures le Père cherchait. Il comprit bientôt que son hôte, enchanté de posséder treize voyageurs, ne faciliterait pas beaucoup leur départ. Il alla frapper à toutes les portes, partout même réponse : *Il n'y a plus de chevaux, il n'y a plus d'ânes, il n'y a plus de mulets, il n'y a plus de voitures, il n'y a plus de charrettes ; tout est à Annecy.* La phrase était stéréotypée. Enfin, il avisa un bon-homme qui avait bien un cheval, mais qui n'avait pas de voiture. Il chercha de nouveau et il trouva une charrette, mais une charrette qu'il fallut presque reconstruire : les brancards étaient cassés, les planches du coffre étaient disjointes, les cercles des roues étaient trop grands ; n'importe, il fallait se contenter de ce qu'on avait ! On se met à l'œuvre, on arrose les roues pour faire gonfler le bois, on y cloue le cercle, on raccommode les brancards, et la voiture ainsi refaite, les sacs y sont chargés ; mais autre agrément : notre automédon, qui venait de bien déjeuner à nos dépens, était un vieil ivrogne, cela nous en promettait de belles! Heureusement Frère Jacques était là, et il ne tarda pas à se concilier la confiance et l'affection du bonhomme.

Nous suivîmes d'abord la vallée du Nom, en montant par une pente insensible. A mesure que nous avancions, le paysage devenait plus gracieux et plus

FRÈRE JACQUES ET LE RUSÉ CHARRETIER

original; les chalets se rapprochaient et ressemblaient moins à toutes les cabanes du monde; les montagnes elles-mêmes avaient un caractère particulier : ce n'étaient pas les déserts sauvages, les immenses forêts, les cimes dénudées et les rochers grisâtres des Alpes du Dauphiné; c'étaient des dômes verdoyants, de belles falaises blanches; le riant remplaçait le sévère et s'établissait avec lui, sans le détrôner, dans notre admiration.

Nous nous arrêtâmes à **La Clusaz** (1040 m. d'altitude) vers onze heures et demie, pour déjeuner et prendre un peu de repos. Il faisait une chaleur accablante; mais, comme nous tenions à arriver le soir à

Saint-Gervais, la halte fut très courte. En repartant, il
fallut au Frère Jacques tout son ascendant pour décider
le muletier à amener nos sacs jusqu'au col; une
bouteille et un cigare firent plus d'effet que toutes
les menaces et les exhortations du Père. Mais le vieux
madré trouva encore le moyen de nous tromper. Pro-
fitant de notre ignorance du pays, au lieu de nous
quitter à la chapelle du col, ainsi qu'il était convenu,
il tourna bride à une petite chapelle qui est à une
grande heure du sommet, et nous força ainsi à porter nos sacs pendant une longue et dure ascension;
mais le spectacle magnifique qui s'offrit à nos yeux,
lorsque nous fûmes parvenus en haut, nous dédommagea amplement de nos fatigues. Nous gravissions
depuis longtemps une pente douce, lorsque tout à
coup en face de nous, et à peu de distance, nous
semblait-il, apparut, se détachant sur un ciel bleu,
le Mont-Blanc, semblable à un gigantesque dôme
étincelant; derrière nous on voyait un pan de montagne grisâtre, escarpé, aux cimes déchiquetées,
semblable aux ruines d'une muraille bâtie par des
géants; à gauche une vaste prairie en amphithéâtre,
couverte de ces délicieux petits chalets en sapin bruni
qui ressemblent à des jouets d'enfants; à droite
un précipice ou plutôt une faille étroite et profonde
où bondissait un torrent, et dont la paroi verticale
et comme polie par un fleuve disparu était cou-

ronnée par des pics inaccessibles et par de belles
forêts.

Nous étions au **Col des Aravis**, petit plateau
de deux kilomètres de long, très largement ouvert
à 1498 mètres d'altitude, entre le rocher de *l'Étale*
(2483 m.) au sud, et les escarpements de *la Porte
des Aravis*, au nord (2382 m.). Ce passage restera
un des plus beaux souvenirs de notre voyage, et
quoique le poids de nos sacs étouffât un peu en
nous le sentiment esthétique, nous n'avons pas à
nous reprocher d'être restés froids devant le splendide tableau qui s'offrit à nos regards.

Une heure de descente par un mauvais sentier
nous conduisit à la **Giettaz**. On ne peut rien voir de
plus riant et de plus sauvage à la fois que le commen-
cement de cette vallée de l'**Arondine** : car, à côté de
pâturages couverts de chalets, il y a de nombreuses
forêts, de belles cascades et des gorges profondes.
Nous nous reposâmes un instant, et, après avoir pris
quelques verres d'asti mousseux, nous partîmes pour
Flumet. La route est fort belle, elle domine à une
très grande hauteur l'Arondine ; mais nous étions
pressés d'arriver, et la fatigue ne nous laissait plus
la possibilité d'admirer le paysage.

Nous arrivons à **Flumet** (917 m.) à la nuit tom-
bante. Là on décide qu'il n'y a plus moyen d'avancer
et que, si l'on ne trouve pas de voiture pour nous

conduire à Mégèves, nous coucherons ici. Comme
on le prévoyait, il n'y avait pas l'ombre d'un véhicule ; mais il n'y avait pas non plus l'ombre d'un
hôtel, de sorte que nous nous vîmes absolument for-
cés de gagner Mégèves : or Mégèves était à douze kilomètres de Flumet, et nous marchions sac au dos
depuis près de cinq heures! C'était dur! on s'assied,
en attendant, sur le bord de la route ; le Père et le

Une bouteille que le Père tenait à la main éclate, le bouchon
et le vin sautent au plafond..... (Page 142.)

Frère Jacques vont de nouveau à la recherche d'un
chariot ou d'un mulet pour porter les sacs. Au bout
de trois quarts d'heure de recherches, on trouve un
petit char qui peut porter les bagages et les plus
fatigués d'entre nous.

Nous voilà donc, à la nuit close, épuisés de fatigue,
embarqués dans des chemins abominables, nous
croyant au port dès que nous apercevions une
lumière, dès que nous entendions aboyer un chien,
et éprouvant chaque fois la plus amère des décep-

tions. Avec cela, tout autour de nous des feux
s'allument sur le haut des montagnes, comme pour
nous convier, en dépit de nos peines, à la pieuse
allégresse qu'excitent dans les cœurs savoisiens les
honneurs rendus à saint François de Sales. Mais pour
cette fois, la pauvre matière triomphait de l'âme, et

SAINT-GERVAIS-LES-BAINS
Dessin de Léon Charpentier, d'après une photographie. (Page 145.)

ces feux ne faisaient naître en nous qu'un désir,
celui de voir briller dans l'âtre la joyeuse flambée
qui nous attendait à l'excellent hôtel du Soleil-d'Or,
de **Mégèves,** où nous arrivâmes enfin ! Le Soleil-d'Or !
Quels bons souvenirs il nous rappelle ! Tout était si
bien au Soleil-d'Or ! On ne vit jamais chambres plus
proprettes, lits plus doux, hôteliers plus aimables et

vin blanc plus pétillant. Ajoutez à cela des notes à payer insignifiantes, et vous comprendrez, chers lecteurs, que nous vous engagions à aller faire une promenade en Savoie, rien que pour le plaisir de vous arrêter au Soleil-d'Or.

Oui, nous étions bien fatigués en arrivant à Mégèves : dame ! nous avions quelque droit de l'être, car nous étions en route depuis huit heures du matin; mais cela n'empêcha pas de finir la journée par un franc éclat de rire.

Nous étions assis autour d'une petite table, et le Père avait demandé trois bouteilles de vin blanc d'Asti, pour nous aider à attendre le souper. On causait tranquillement, lorsque tout à coup une bouteille que le Père tenait à la main éclate; le bouchon et le vin sautent au plafond et retombent comme un orage...... dans nos verres, direz-vous ?...... non, sur le chapeau du Procureur. Pauvre chapeau, fidèle chapeau, dans quel état le mit ce maudit vin blanc ! Ce beau feutre à forme si élégante, à couleur si fraîche, devient la cause d'une douleur universelle : le Procureur essuyait tristement son couvre-chef et envoyait au diable tous les vins blancs de France et d'Italie, et ses impitoyables compagnons avaient les larmes aux yeux à force de rire de la stupéfaction de leur malheureux compagnon.

Le lendemain nous quittons Mégèves, emportés par

trois petites voitures. Le pays que l'on traverse est, paraît-il, fort beau ; mais la pluie et le brouillard nous en dérobèrent complètement la vue. Nous arrivâmes avant midi à l'établissement de Saint-Gervais ; son aimable Directeur nous attendait depuis la veille ; nous eûmes le plaisir d'y trouver plusieurs de nos camarades de l'École.

Malheureusement la pluie vint déranger tous nos projets d'excursion dans les alentours ; mais les deux jours que nous passâmes à l'établissement, et dont nous profitâmes pour prendre un sérieux repos, nous laissèrent le plus agréable souvenir. Nulle part nous ne trouvâmes un accueil plus amical, une installation mieux entendue.

CHAPITRE IX

Chamonix ! le Mont-Blanc ! ces deux noms son-
naient singulièrement à nos oreilles. Quel est l'écolier qui, pendant qu'il est enchaîné sur les bancs du
collège, ne s'est pas senti, au moins une fois, dévoré
du désir de voir ces merveilleux amoncellements de
montagnes, de glaciers, de roches, de pics, de neiges
qu'on appelle le Mont-Blanc ? Nous avions presque
tous lu, avec plaisir et profit, le bel ouvrage dans
lequel M. Charles Durier [1] décrit avec tant de verve

[1] M. Charles Durier, membre du Club Alpin, a bien voulu, cet hiver,
venir faire à nos condisciples une conférence sur le Mont-Blanc. Complé-
tant ses descriptions et ses récits par la vue de magnifiques projections
photographiques, il a contribué, par le succès de cette séance, à fon-
der dans l'École ce genre d'enseignement dont nos maîtres espèrent que
nous retirerons un grand profit.

l'histoire amusante, terrible et si instructive du Mont-Blanc.

Le Mont-Blanc! le Mont-Blanc! nous répétions-nous le dimanche 25 août, lorsque, après avoir entendu la messe, nous partions pour Chamonix. Enfin nous allons voir le Mont-Blanc ! Une immense patache traînée par trois chevaux nous faisait rouler sur la belle route qui suit la rive gauche de l'Arve.

Arrivés vis-à-vis **Sorvoz**, nous fîmes un détour pour aller voir les **gorges de la Diozaz**, gorges étroites, très pittoresques, profondément creusées entre le Brévent et la montagne de Porména, où le torrent, descendu du Buet, forme douze belles cascades. Ces gorges, qu'on met une heure à visiter ont un caractère tout différent de celles du Fier; on les voit avec un grand plaisir après avoir admiré les premières. Des galeries suspendues sur les flancs de la montagne permettent d'en découvrir les magnifiques horreurs sans courir aucun danger.

Nous apercevions depuis quelque temps le Dôme du Goûter et l'Aiguille Verte; les montagnes que nous longions étaient couvertes de neige. Bientôt se montrèrent les glaciers de Tacconaz et des Bossons. Nous étions à **Chamonix** (1050 m. d'altitude). Nous descendîmes à l'hôtel du Mont-Blanc, où M. Cachat nous attendait.

Nous avions un programme magnifique. Nous

devions monter au Brévent, au Montenvers, à la Mer de glace, au Chapeau, au Jardin, et, en gagnant Vernayaz, faire l'ascension du Buet. Hélas! nous avions compté sans la pluie et le brouillard. Après le dîner, nous courons à la poste, et ceux qui ne sont pas absorbés par leur correspondance ou que l'incertitude du temps n'effraye pas, cherchent à organiser une petite excursion pour la soirée. L'expédition est toute trouvée : le glacier des Bois semble tout proche, allons y planter nos bâtons. Aussitôt dit, aussitôt partis. Arrivés au pied de la moraine latérale droite, nous grimpons courageusement à travers cet immense chaos de rochers, de pierres et de sable. Quel chemin ! Il fallait aller de pierre en pierre, grimper sur d'immenses blocs de granit, traverser une multitude de petits torrents ; et puis ces blocs remuaient sous les pieds, un rien les faisait rouler ; vraiment nous avons eu de la chance de ne pas nous casser les jambes, et puis encore il semblait qu'à mesure que nous avancions, le but à atteindre s'éloignait. La vue du glacier était magnifique ; on aurait dit d'immenses blocs de cristal vert et bleu, à cassures tantôt vives, tantôt conchoïdes, et d'une transparence admirable. Au moment où l'avant-garde arrivait près des sources de l'**Arveyron**, de petites avalanches de pierres et de glace tombées du sommet firent deux fois reculer les plus hardis ; mais on tint bon. Quelques-uns furent assez heureux pour planter leurs bâtons dans le flanc du glacier ; puis tous regagnèrent l'hôtel assez satisfaits de cette promenade, et rapportant de beaux échantillons de cristal de roche qu'ils avaient trouvés dans la moraine.

Hélas ! le lendemain lundi, il pleuvait très fort, les nuages étaient très bas, tout était triste et bien triste dans la vallée. Que faire? On écrivit des lettres, on visita les boutiques des marchands de pierre dure, et puis on attendit avec impatience. Le soir, vers trois heures, la pluie cessa. On profita de cette éclaircie pour aller visiter la **Grotte du Mont-Blanc**, dans le glacier des Bossons. Un guide, un vrai guide nous précédait. « Prenez vos plaids, avait dit ce brave homme ; vous en aurez besoin, car il fera froid là-haut. »

Il faut une heure pour aller de Chamonix au glacier. Un petit chalet est construit sur la moraine ; nous avions très chaud, et nous y aurions pris avec plaisir un peu de vin pour combattre l'extrême fraîcheur de la grotte ; mais le maître du chalet nous dit que les droits dont la régie le frappait étaient si élevés qu'il n'avait aucun bénéfice à être marchand. Sur ce discours et après avoir maudit la régie, nous descendîmes la moraine et nous entrâmes dans la grotte, qui était éclairée par des bougies. Cette grotte artificielle est creusée dans la profondeur du glacier des Bossons. A l'intérieur, la glace est d'un blanc opaque ; mais à l'entrée on dirait de gigantesques murs de cristal transparent. La grotte n'est pas profonde, car on ne met pas un quart-d'heure à en faire le tour, mais elle est curieuse à voir, et le sentiment que l'on éprouve en

LE GLACIER DES BOSSONS
Dessin de Scott.

se promenant sous ces voûtes de glace survit à la visite. Les uns rêvaient à Virgile et à la grotte d'Aréthuse ; d'autres au palais de glace de Catherine la Grande ; les uns pensaient que, si le glacier venait à marcher plus vite qu'à l'ordinaire, nous pourrions bien rester ensevelis dans un cercueil glacé. Tout le monde avait froid. De l'air, de l'air, du soleil! on sort et on retrouve une pluie battante. Nous revenions par la grande route, bravant la pluie grâce à nos excellents plaids; devant nous galopaient quatre grandes diligences, traînées par sept chevaux; elles amenaient de Genève un bataillon d'Anglais. Nous devions avoir une drôle de mine et ressembler assez à des brigands: car notre cher Croqueur sortit son album, et s'abritant comme il le put, il croqua habilement notre défilé, que nous avons le plaisir de présenter à nos lecteurs.

Que faire à Chamonix quand il pleut? s'ennuyer. Figurez-vous des écrevisses au fond d'une marmite fermée, et vous aurez une idée de la position des malheureux qui sont bloqués par la pluie ou le brouillard dans cette bienheureuse vallée. Nous regardions le ciel, nous allions interroger le baromètre; le ciel et le baromètre étaient inexorables; la pluie! la pluie! la pluie! Le Père voulut en avoir le cœur net. Il alla consulter le guide-chef sur les probabilités du temps : « Toutes les probabilités sont pour le mauvais temps pendant plusieurs jours, » répondit celui-ci. Sur ce, il n'y avait plus qu'à décamper et au plus vite. Nous eûmes l'ordre de nous préparer à partir le lendemain matin à sept heures. M. Debains, qui avait été

notre compagnon de route de Paris à Dijon, était arrivé
de Courmayeur, depuis quelques jours, par le col du
Géant. Il désira nous accompagner ju squ'à Vernayaz
et nous proposa de passer par le col de Balme, au lieu

Car notre cher Croqueur sortit son album, et s'abritant..... il croqua
notre défilé. (Page 150.)
Dessin de FERDINANDUS, d'après un croquis de SICHLER.

de passer par le col des Montets. Nous avions ainsi la
chance, s'il y avait une éclaircie au col de Balme, de
jouir d'une des plus belles vues que l'on puisse avoir
sur le massif du Mont-Blanc; d'ailleurs ce détour ne
devait allonger notre route que d'une ou deux heures
au plus. La proposition fut acceptée et le Père
organisa tout en conséquence. Deux voitures devaient

nous conduire à Argentière, et de là un mulet porterait nos sacs jusqu'à Vernayaz. M. Conseil et le Frère Anonyme, affligés chacun d'une énorme fluxion, étaient autorisés à se procurer un mulet.

Le 27, à sept heures du matin, nous quittions Chamonix. Qu'avions-nous réalisé de nos beaux projets? Rien, ou à peu près rien. Venir exprès de si loin pour ne rien voir et être mouillés, ce n'était vraiment pas avoir de chance. C'est une partie à refaire une autre année, disions-nous, et nous montâmes en voiture.

A **Argentière** (1208 m. d'alt.) on mit nos sacs sur un mulet. M. Conseil grimpa sur un solide quadrupède, et on commença à monter le long de l'Arve qui, à cet endroit, n'est qu'un torrent rapide et bourbeux. Nous eûmes un moment des regrets : car, en nous retournant, nous apercevions les cimes argentées du Mont-Blanc. Le temps s'était assez découvert, mais à onze heures et demie, quand nous arrivâmes au **Col de Balme** (2204 m. d'alt.) les brouillards cachaient de nouveau l'horizon, et nous promettaient la pluie. Nous fîmes au chalet un repas assaisonné d'un bon appétit ; une excellente tasse de café et une foule de malices qu'on dit tout bas, à l'adresse de deux Prussiens qui buvaient du Champagne au fond de la salle, nous mirent en belle humeur. A une heure, la descente sur le versant suisse commença. Arrivés sur les bords du **Trient**, nous apercevions au-dessus de nous, sur la droite, le glacier du même nom qui est exploité comme une véritable carrière de pierres. On

On met nos sacs sur un mulet, M. Conseil grimpa sur un solide quadrupède et on commença à monter..... (Page 152.)

y fait sauter des blocs de glace avec la dynamite et on en emporte les morceaux à Martigny et de là à Genève par le chemin de fer.

Après nous être reposés un moment pour attendre

notre mulet, nous continuâmes notre route et nous parcourûmes ce chemin, un des plus beaux de la Suisse, qui passe à la **Tête noire** sous les **Tunnels**, près de la **Cascade Barberine**, à **Finhaut** et à **Salvan** ; mais les pluies torrentielles des derniers jours avaient fait déborder le Trient ; la route était coupée en plusieurs endroits, et elle était partout recouverte d'une couche épaisse de boue. Nous avions pris bravement notre parti de la boue et de la pluie, et nous marchions gaiement. Hélas ! tous les promeneurs ne faisaient pas si bonne figure. Nous rencontrâmes des Anglaises en voiture, les unes allant à Martigny, les autres en revenant. Comme elles allaient en sens contraire et que la route est fort étroite, les malheureuses étaient obligées de s'arrêter et de descendre de voiture. Du plus loin qu'ils s'apercevaient, les cochers commençaient par s'injurier ; puis, comme leurs injures n'avançaient pas la besogne, ils s'exécutaient et s'entr'aidaient fraternellement. Ils dételaient une voiture et ils traînaient le véhicule comme ils pouvaient dans le fossé pour faire passer l'autre, et nous, nous avions la barbarie de rire en voyant la mine que faisaient ces dames quand il fallait descendre et mettre les pieds dans la boue. L'une d'elles se tenait alternativement sur la pointe du pied droit et sur la pointe du pied gauche. Une autre, qui pataugeait dans une mare, nous demandait d'un air consterné : « Monsieur, avez-vous vu

mon petite cocher? dites-moa, où y est-il, mon petite
cocher? « Et elle appelait tous les passants à son secours. J'ai bien honte de le dire, leur malheureux sort
ne nous arrachait aucune larme, nous marchâmes

Ils dételaient une voiture, et ils trainaient le véhicule comme ils
pouvaient..... (Page 154.)

Dessin de Ferdinandus, d'après un croquis de P. B.

d'autant plus rapidement que nous tenions à arriver à
Vernayaz avant la nuit.

Depuis le col de Balme et jusqu'à la Tête noire, le
paysage est triste, la montagne est pelée, il y a peu
de chalets, peu de bois; mais à partir de la Tête noire
le changement est subit, la route serpente, à mi-
hauteur, au-dessus d'un gouffre immense dont les

parois sont tantôt à pic, tantôt inclinées. Partout où la pente n'est pas trop accusée, on a construit des chalets et même des villages entiers entourés de champs en culture. Au fond de la vallée bouillonne le Trient dont les flots épais et grisâtres font regretter les beaux torrents du Dauphiné.

Le col de la Tête noire offre un genre de montagne tout différent de celles que nous avions vues jusqu'alors. Il n'a ni l'imposante majesté des grandes Alpes, ni l'harmonieuse variété de la vallée de Thones et de la chaîne des Aravis ; le paysage est quelquefois gracieux, il est le plus souvent empreint d'une grandeur sauvage. La roche y est rarement à nu ; les arbres ou les gazons couvrent tout, même les pentes qui se rapprochent le plus de la perpendiculaire ; et du milieu de cet océan de verdure s'élèvent de petites éminences boisées elles-mêmes et portant de petits villages ou de joyeux chalets. Quelque belle que soit cette vallée, nous n'étions guère en situation de l'apprécier à sa juste valeur. La pluie nous avait pris au bas du col de Balme, c'est-à-dire vers une heure et demie, et ne devait nous quitter qu'à Vernayaz. Il n'y avait à cela que deux avantages appréciés très différemment par les membres de la caravane ; c'était de rire, pour peu qu'ils y prêtassent, des gens que nous rencontrions armés de parapluies et de voir, dans toute leur beauté, les cascades qui sillonnent le flanc de la montagne.

Quoique nous eussions pressé le pas depuis Salvan, nous fûmes surpris par la nuit, alors que nous descendions, par une infinité de lacets, la montagne boisée qui domine Vernayaz. Nous entendions le sifflet du chemin de fer; de temps en temps et à travers une éclaircie, nous distinguions des lumières; nous savions donc que nous touchions à la vallée du Rhône, mais notre impatience croissait en raison de notre fatigue. Enfin, après un dernier effort, nous arrivâmes au terme de notre course : il était huit heures. Nous étions mouillés et crottés comme des barbets, mais heureux et fiers d'avoir pu fournir une aussi longue course. Le grand hôtel des Gorges est le premier hôtel de **Vernayaz**; on nous y reçut d'une manière très aimable. Un bon dîner arrosé, grâce à la générosité de M. Debains, d'excellents vins de Bordeaux, nous remit des fatigues de cette longue étape.

Le lendemain matin, après avoir visité les belles **gorges du Trient,** nous prîmes le chemin de fer. Arrivés à **Brieg,** six d'entre nous prirent la diligence pour l'hospice du Simplon, et les autres, débarrassés de leurs sacs, essayèrent de faire l'ascension à pied. On leur avait indiqué un raccourci pour éviter les premiers lacets de la grande route; mais au bout de trois quarts d'heure de marche ils perdirent le sentier, et se trouvèrent en face d'une montagne très abrupte. Il était midi et demi, et le soleil frappait d'aplomb sur leur tête. Ces malheureux venaient de dîner, et ils étaient encore fatigués de la course de la veille. Après avoir fait quelques efforts pour grimper, ils capitulèrent et s'arrêtèrent pour dormir. Au bout de trois quarts d'heure ils se remirent en route ; mais l'escalade tentée de nouveau était toujours aussi pénible et semblait insurmontable. Ils étaient sur le point de redescendre à Brieg ; or, à ce moment même ils étaient sauvés. Ce fut Frère Jacques qui leur épargna la honte d'une reculade. Voyant ses camarades dans l'embarras, il était parti en avant et était arrivé au bas d'une horrible cheminée ; il l'escalada en s'aidant de ses mains et de ses genoux ; la terre et les pierres glissaient sous ses pieds, et deux fois il fut précipité jusqu'à son point de départ, avec deux grosses pierres, qui faillirent lui briser les jambes ; mais rien ne le rebuta, et, après des efforts inouïs, il atteignit le haut du couloir et trouva la grande route à quelques pas de là. Il appela aussitôt ses camarades, et ceux-ci, encouragés par sa voix, s'aidant et se poussant les uns les autres, atteignirent eux aussi le bon chemin. Pour comble de bonheur, deux paysans qui passaient avec leurs chars consentirent à les amener jusqu'à l'hospice pour une somme très modique.

La route du Simplon, commencée sous le Consulat, en 1801, par l'habile ingénieur Polonceau, est un véritable chef-d'œuvre. Elle monte en pente douce à travers un pays magnifique et côtoie les affreux précipices de la Saltine. Les pentes en sont si admirablement ménagées que les voitures peuvent partout trotter en descendant. On a bâti de distance en distance des refuges qui sont habités par les cantonniers char-

...Il l'escalada en s'aidant de ses mains et de ses genoux...... (Page 158.)
Dessin de FERDINANDUS.

gés de l'entretien de la route. Pendant l'hiver, ils doivent enlever la neige et donner du secours aux voyageurs qui viennent frapper à leur porte.

Le temps était très clair et il n'y avait aucun nuage ; l'horizon était magnifique. La route, en suivant les sinuosités de la montagne, nous offrait sans cesse de nouveaux points de vue. Tantôt nous distinguions Brieg au fond de la vallée, et au-dessous tout le massif de l'Oberland Bernois, dominé par la superbe tête de la Jungfrau ; tantôt c'était le Fletschhorn, le massif du Simplon, le Monte-Leone et la pyramide du Schœnhorn.

Après le quatrième refuge, on a construit des abris contre les tourmentes, et, aux endroits les plus dangereux, de solides galeries en maçonnerie ; la route passe au-dessous ; les torrents et les avalanches passent par-dessus, mais, à certains passages, les avalanches sont si fréquentes et si terribles qu'elles ont plusieurs fois rasé les fortifications et les refuges qu'on a essayé d'y construire.

On raconte qu'en 1799, pendant que le général Bonaparte franchissait le Grand Saint-Bernard, le général Béthencourt fut chargé d'occuper les défilés d'Isella avec une colonne de mille hommes. Les Français avançaient à marches forcées, lorsque tout à coup, au moment où ils allaient franchir le dernier ravin, une avalanche se précipite avec un bruit terrible du sommet, emporte le pont et enveloppe la colonne d'un nuage de neige et de poussière. La route se trouve interrompue par un abîme épouvantable. Il fallait pourtant passer à tout prix. Après le premier moment de stupeur, un soldat se dévoua ; s'aidant des racines, des broussailles et des trous qui avaient servi à porter les poutres du pont, il parvint à franchir le précipice et attacha de l'autre côté une corde qu'il avait portée avec lui. Le général passa le premier, suspendu par les mains à ce pont improvisé; les soldats ensuite avec armes et bagages; mais, pendant qu'on finissait de passer, on avait entendu battre la charge. Les soldats étonnés se comptèrent; il manquait un jeune tambour. Marchant en avant de la colonne, il avait sans doute été précipité par l'avalanche au fond de l'abîme, et il appelait ses frères d'armes à son secours. Les grenadiers se sentirent émus : eux qui n'avaient pas tremblé dans cent batailles, ils tremblèrent à la pensée d'abandonner ce pauvre enfant. Ces roulements de tambour leur brisaient le cœur. N'était-ce pas un glas de mort! Ils écoutaient avec anxiété; ils sondaient de leurs regards les profondeurs du précipice. Il était là, sans doute, leur pauvre camarade! Il était en effet dans le fond du ravin, appuyé contre le rocher, à demi enseveli dans la neige, pâle, exténué, levant vers le ciel ses regards désolés, appelant ses amis, frappant son tambour avec l'énergie du désespoir, et espérant toujours que cet appel suprême serait entendu. Hélas! il n'y avait pas de temps à perdre, il fallait arriver à Isella avant les Autrichiens. Le général donna le signal du départ; mais on dit que ces vieux soldats, qui ne demandaient qu'un quart d'heure pour sauver leur camarade, furent sur le point de désobéir; ils s'éloignèrent les mains crispées par la colère, serrant le fer de leurs fusils, et des larmes brûlantes coulèrent sur leurs mâles figures. Pendant quelque temps encore on entendit des roulements de tambour. A certains moments, ils redoublaient d'intensité ; puis les sons devinrent plus faibles ; enfin tout bruit cessa ; l'abîme de glace avait gardé sa victime.

La croix qui indique le point culminant de la route est élevée après le sixième refuge, à 2020 m. d'alt.

L'hospice fondé par Napoléon a été terminé par les religieux du Saint-Bernard. Il est situé sur un petit plateau abrité non loin de la croix. C'est une construction massive, et capable de défier le temps et les orages. Elle contient des chambres très confortables, d'excellents lits, un réfectoire, un salon et une chapelle. Quelques Pères y demeurent toute l'année pour recevoir les voyageurs ; leur bonté n'a d'égale que leur modestie ; toutes les personnes qui s'y présentent sont logées et nourries gratuitement, et s'il y a des préférences pour quelques-uns, c'est en faveur des plus pauvres. Nous fûmes admirablement reçus par les Religieux. Ils nous conduisirent et nous installèrent dans nos chambres, nous indiquèrent le salon, où nous fîmes de la musique en attendant de nous mettre à table.

Une demi-heure après, nous étions réunis autour d'un bon souper que nous maltraitâmes fort. Le Frère Jacques qui, comme au col des Aravis, avait

consolé le conducteur et lui avait fait des amitiés
sans fin, eut l'idée, probablement par reconnaissance
pour les bêtes en général et pour les mulets en particulier, de commencer une dissertation sur l'âme des
bêtes; aussitôt Maître Conseil saisit la balle au bond,

Dessin de Scott, d'après un croquis de L. Sichler.

réplique et argumente. L'Historiographe s'en mêle,
Frère Anonyme et le Docteur se jettent dans la discussion et l'embrouillent; mais le Frère Jacques tient tête
à tous, crie plus fort que tous et finit par pérorer tout
seul au milieu du silence de l'honorable compagnie.

Je n'ai pas besoin de dire de quel sommeil on
dormit. Les bons Frères nous avaient ensevelis sous
une montagne d'édredons. La nuit passa trop vite
pour tout le monde, et à cinq heures, quand il fallut
se lever, le Père Barral eut besoin de secouer plus
d'un voyageur.

C'était le 29, un jeudi. Après avoir déjeuné et remer-
cié les Pères de leur cordiale hospitalité, nous al-
lâmes déposer une modeste offrande dans le tronc de
la chapelle et nous partîmes, le sac au dos, pour le
village du **Simplon**. Il faisait très froid, et nous ne
commençâmes à avoir un peu chaud, malgré la rapidité de notre allure, qu'au bout d'une heure de
marche. Lorsque nous arrivâmes au village, le temps
devenait menaçant, il tombait quelques gouttes de
pluie ; le Père se décida à chercher un char pour nous
porter à Domo d'Ossolaa. Trois quarts d'heure après,
nous partions au grand trot. Notre char était un véhicule très long et très étroit ; à droite et à gauche se trouvait une longue planche cachée par une couverture :
c'est là qu'on s'assied en face les uns des autres, genoux contre genoux. Ce n'était pas commode, car le
véhicule était si étroit que le moindre contre-coup
nous jetait contre le nez de notre vis-à-vis ; ce n'était
pas non plus doux, car il n'y avait pas de ressorts,
et comme nous allions très vite, chaque pierre que
nous rencontrions nous faisait rebondir sur notre

planche. Mais il y avait longtemps que nous n'étions
plus difficiles; d'ailleurs nous étions tous ensemble,
nous étions au grand air, nous pouvions tout voir et

DESCENTE DU SIMPLON PRÈS D'ISELLA
Dessin de J. D.

tout admirer, et, autre point important, notre véhicule ne nous coûtait pas cher.

 La montée nous avait semblé bien belle; la
descente nous apparut cequ'elle est, très belle aussi;

11

mais le versant italien a un autre caractère que le versant suisse. Les vallées que l'on parcourt sont plus resserrées et plus sauvages ; la route, au lieu d'être établie à mi-hauteur, est presque au niveau du torrent, et on voyage ainsi entre deux montagnes à pic, dont les sommets crénelés ressemblent à deux lignes de forteresses gigantesques. De nombreuses et belles cascades viennent égayer ce sévère et imposant tableau.

Nous arrivons à **Isella** ; c'est la douane italienne. On ouvre nos sacs ; ils ne contiennent rien de prohibé. On nous offre quelques beaux fruits, nous voilà donc en Italie. Les jardins sont en terrasse ; les vignes sont hautes et forment des berceaux ; les hauteurs sont décorées de petites chapelles. Les maisons sont blanches et recouvertes de tuiles rouges ; le costume des habitants est caractéristique ; mais tout le monde parle français, bourgeois, gendarmes, garçons, affiches ; témoin celle-ci. « On fournit des voitures pour quelque soit direction » (*sic*), et bien d'autres. Cela fait le désespoir des savants de la caravane qui depuis plusieurs mois essayaient d'apprendre l'italien.

Il était midi quand nous arrivâmes à **Domo-d'Ossola.** Après avoir dîné, nous repartîmes pour Baveno. En traversant rapidement une plaine admirable de fertilité, nous rencontrâmes beaucoup de femmes et

LE DOME (Milan)

même de jeunes filles qui portaient d'immenses
hottes remplies de foin; elles ployaient sous le poids
de leur charge et marchaient nu-pieds. Nous remar-
quâmes aussi que les fils télégraphiques étaient soute-

Nous entonnâmes avec enthousiasme : LES ENFANTS D'ARCUEIL. Tout à coup
deux moutons..... (Page 168.)
Dessin de SCOTT, d'après un croquis de L. SICHLER.

nus par des colonnes quadrangulaires de granit,
hautes de quatre ou cinq mètres. Cela donnait à
la route un aspect étrange : nous avions l'air de marcher entre deux rangées de tombeaux. Nous appro-
chions du lac Majeur, et, malgré les dures secousses

de notre véhicule, tout le monde était content ; on sentait que l'on touchait au repos, et que nous foulions enfin cette terre classique des beaux-arts que nous avions tant caressée dans nos rêves d'écolier. Encore une heure, et nous arrivions au lac, aux îles Borromées, puis à Milan, à Bologne, à Florence !

Dans cette disposition d'esprit, nous étions si heureux qu'en approchant d'un village, comme on découvrit un instant le lac à travers les arbres, aussitôt, par un mouvement spontané, chacun arbora son couvre-chef au bout de son bâton, et nous entonnâmes avec enthousiasme : *Les enfants d'Arcueil*. Tout à coup, deux moutons nous barrent le passage, et voilà les intelligentes bêtes qui, au lieu de se garer simplement, se mettent à galoper devant nous. Ainsi précédés par ces deux belliqueux coursiers, nous traversons triomphalement et bruyamment le village à la grande stupéfaction des habitants qui reconnaissent certainement en nous des Français, et au grand scandale d'un gendarme qui s'élance dans la rue, la main sur son sabre, les yeux ouverts comme des lucarnes, se demandant s'il ne faut pas nous arrêter. A six heures nous étions sur les bords du **lac Majeur**, dont les contours avaient déjà cette teinte vaporeuse et indécise que recherchent les artistes et les poètes.

CHAPITRE X

DU LAC MAJEUR A FLORENCE ET A ARCUEIL

Une délicieuse soirée. — Les îles Borromées. — Des colonnes pour Fourvière. — Milan. — Le roi Humbert — Le Dôme. — La Chartreuse de
Pavie. — Comment on manque le train. — Bologne. — Florence. —
Le Dante. — Santa-Maria-Novella. — San-Marco. — Frà Angelico. — Savonarole. — Galerie des Offices. — Le Palais Pitti. — Pise. — Livourne. —
Les mendiants italiens. — Un maigre dîner. — Marseille. — Notre-Dame
de la Garde. — Arcueil.

Baveno est une petite ville située sur les bords
du lac Majeur.

Nous nous étions bravement présentés au premier
hôtel de la cité, à l'hôtel Bellevue, où, après quelques
pourparlers, on avait bien voulu nous recevoir, à des
conditions très acceptables pour notre modeste bourse.
L'hôtel Bellevue mérite bien son nom. Il s'élève en
face des îles Borromées, et, de ses terrasses qui se pro-
longent jusqu'au bord de l'eau, on domine ce beau
lac, dont aucune description ne peut révéler la beauté
achevée.

Le soir, après souper, assis dans le jardin, nous
nous reposions des fatigues du voyage, et nous ne

pouvions nous lasser d'admirer le lac et ses rives. Le jour finissait, la nuit nous enveloppa bientôt; alors, dans le lointain, les nombreuses petites villes qui bordent la rive opposée s'illuminèrent, et nous semblions entourés d'une immense ceinture de feux qui se réfléchissaient dans les eaux. Peu à peu, le silence s'étant fait autour de nous, une brise embaumée nous apporta les joyeux échos des casinos de Pallanza et de Stressa. Un moment après, deux musiciens, cachés dans les fourrés du jardin, vinrent nous charmer par leurs plus belles chansons.

Nous restâmes sur cette terrasse longtemps à écouter et à rêver..... Pendant vingt jours, nous avions parcouru des montagnes, affrontant la fatigue, le froid, la chaleur, le vent et la pluie; maintenant, nous allions jouir pleinement d'un repos noblement mérité, et en jouir en admirant les chefs-d'œuvre dont le génie italien a peuplé ses temples et ses palais. Pouvions-nous plus agréablement et plus utilement couronner notre voyage? Pleins de ces pensées, nous montâmes dans nos chambres.

Nos fenêtres donnaient sur le lac; aussi le lendemain matin, ce fut le soleil qui, comme un personnage indiscret, vint nous chasser de notre lit. Son invitation était trop courtoise et faite dans une intention trop louable pour être méprisée. Il semblait se lever entre deux montagnes aux flancs rougeâtres, et tout parut s'animer sur le lac; les trois îles qui dormaient encore sur les eaux ensevelies dans la brume, nous apparurent, dans ce premier rayon de lumière, comme trois formes indécises flottant sur une mer de feu; cela dura un instant, et bientôt après le soleil d'Italie éclaira tout ce qui nous entourait.

UN CURÉ ITALIEN
D'après un croquis de SICHLER.

Les Pères avaient été dire la Messe. A leur retour ils nous trouvèrent prenant nos ébats dans le lac; l'eau était fraîche, très fraîche même, et pourtant le frileux Historiographe osa s'y plonger : étrange et surprenant phénomène, que les plus perspicaces dans la caravane, même le grave et docte Maître Conseil, n'ont jamais pu expliquer.

Qui n'a pas entendu parler des îles Borromées?
Comme tous les voyageurs qui passent en Piémont,
nous aurions fait beaucoup de chemin pour aller les
visiter. Nous frétâmes deux barques, et quatre rameurs nous poussèrent vers ces heureux rivages. Ce
voyage sur l'onde nous révéla des talents inconnus.
Nous découvrîmes que Maître Conseil et Frère Anonyme
étaient deux grands marins. Il paraît qu'ils s'étaient
longtemps exercés au canotage, sur leur lac de Sainte-
Adresse; aussi étions-nous tous confondus du ton
assuré et convaincu avec lequel ils donnaient des
conseils aux rameurs — Nagez ferme — Bordée à
droite — Laissez arriver à gauche, etc., etc. Et puis,
ils nous faisaient rouler si bien que, tantôt l'une, tantôt l'autre de nos barques embarquait des paquets
d'eau, à la grande joie de nos jeunes Normands. C'est
en cet équipage que nous abordâmes aux îles.

Isola Bella et **Isola Madre** sont de charmantes
résidences appartenant à la famille Borromée. Isola
Bella est célèbre par ses jardins suspendus. Des terrasses superposées les unes aux autres, soutenues par
des arcades, bordées d'orangers ou couvertes de berceaux de citronniers; des obélisques et des statues pla-
cées avec goût au milieu des arbres, la font ressembler de loin à ces palais enchantés si bien décrits
dans les *Mille et une nuits*. La galerie de tableaux du
château mérite d'être visitée, et on voit dans les appar-

tements de fort beaux meubles de fabrique florentine. Napoléon Ier a couché dans une chambre du château la veille de la bataille de Marengo.

Isola Madre a un tout autre aspect : c'est le plus frais, le plus vert, le plus beau des jardins anglais. Les arbres les plus rares y sont rassemblés et y atteignent de magnifiques proportions.

Au nord de Baveno, sur les montagnes qui encadrent le lac, on exploite des carrières de granit. Nos barques nous transportèrent aux ateliers où l'on travaille les blocs que l'on tire des carrières. Les ouvriers étaient occupés à tailler et à polir les chapiteaux et les bases des colonnes de la nouvelle église de Fourvière. Les blocs de granit qui étaient sur le chantier étaient énormes ; ils mesuraient de six à huit mètres cubes chacun. Nous n'avions jamais vu travailler des pierres si dures, aussi l'habileté et les procédés de ces ouvriers italiens nous intéressèrent-ils beaucoup. Chacun de nous emporta de beaux échantillons de granit rose et gris.

Le soir, quelques-uns allèrent assister à un salut dans une église du village ; une foule recueillie remplissait le sanctuaire ; tout le peuple chantait à l'unisson les litanies de la sainte Vierge. Quelle piété sur les visages ! Quelle expression dans le chant ! Nous distinguâmes une pauvre femme cachée derrière un pilier ; elle pressait son enfant sur son cœur, et elle chantait avec une voix pleine de force et de douceur. En remarquant sa modestie, la ferveur de sa prière, l'amour dont elle entourait son enfant, l'image de ma mère m'apparut; son âme se rapprocha de mon âme, et il me sembla que, comme nous le faisions tous les soirs, nous récitions ensemble notre prière, implorant la miséricorde divine pour l'Église, pour la France, pour tous ceux que j'aime.

Le samedi 31, nous partîmes en bateau à vapeur pour **Arona**, et, à midi, nous arrivâmes à **Milan**. Nous entrâmes en gare en même temps que le train royal. Le jeune roi Humbert était accoudé sur la balustrade de son wagon. Un petit groupe de curieux qui se forma le signala à notre attention; après l'avoir salué avec respect, nous nous rendîmes à l'hôtel Pozzo. A peine avions-nous dîné que nous courûmes à la poste réclamer nos lettres; il y en avait beaucoup et elles ne contenaient que de bonnes nouvelles. Le bon Dieu nous comblait. Qu'il soit béni pour tout ce qu'il a fait en notre faveur pendant tout le voyage!

Notre première visite fut pour la cathédrale. Qui n'a pas entendu parler du dôme de Milan, de ses clochers et de ses statues? On comprendra facilement l'impatience que nous avions d'aller l'admirer à notre aise. Cette magnifique église, en marbre blanc, est surchargée d'ornements; elle manque de hauteur Ce défaut est d'autant plus apparent maintenant,

qu'on a construit tout à côté des édifices qui l'écrasent.
La façade manque aussi d'unité; le fronton grec s'y
allie mal avec la flèche gothique; mais on est ébloui
par la richesse des ornements et des statues qui
ornent l'église.

Nous eûmes le bonheur insigne de rencontrer un
cicérone qui nous fit avec intelligence les honneurs
de l'édifice. Après avoir visité le tombeau de saint
Charles Borromée et fait à ce grand saint une petite
prière, nous montâmes au sommet de la cathédrale
et du dôme pour admirer le panorama de la ville et
la forêt de statues qui surmontent les clochetons;
notre guide nous fit remarquer celle de Napoléon Ier
en Apollon du Belvédère : « Il a donné, dit-il gravement, deux millions pour l'achèvement de l'église, et
on a bien eu le droit de le mettre parmi les saints. »
Le lendemain, on visita Saint-Ambroise, vieille basilique bâtie sur l'emplacement d'un temple de Bac-
chus, et pleine de souvenirs chrétiens; le sacristain,
qui était très complaisant, nous fit voir, comme une
grande faveur, de vieux missels ornés de magnifiques enluminures. Nous visitâmes ensuite, mais
hélas ! trop rapidement : Saint-Eustorge, le palais
Bréra, la bibliothèque Ambrosienne, le Cirque, etc.,
etc., et le lundi, 2 septembre, nous partîmes pour la
Chartreuse de Pavie,

La Chartreuse de Pavie est, dit-on, le joyau de

l'Italie et du monde. Elle fut fondée par Jean Galéas Visconti, dans cet heureux temps où les princes croyaient s'honorer en honorant Dieu dans la personne des religieux et des pauvres. Maintenant les princes ne fondent plus de monastères; mais, en revanche, ils font construire force maisons de fous, des casernes et des colonies pénitentiaires. Je ne sais vraiment pas en quoi le pauvre peuple, au nom de qui on a volé ou détruit les couvents, gagne au changement de système. Il faudrait un volume pour énumérer les richesses artistiques : tableaux, sculptures, statues, mosaïques, qui sont accumulées dans ce couvent. Nous y passâmes trois heures ; il aurait fallu y rester huit jours. Nous en sortîmes éblouis. Entre Pavie et la Chartreuse se trouve la plaine où François Iᵉʳ livra bataille en 1525 aux Impériaux.

On avait une heure à perdre à **Pavie** ; le P. Lachau et l'Historiographe trouvèrent le moyen de s'y oublier en visitant la cathédrale. Après avoir examiné en détail ce magnifique monument, ils cheminaient au retour, avec l'allure tranquille que donne la douce certitude de n'être pas pressés, et ils arrivaient à la gare aussi contents de leur petite excursion que d'eux-mêmes. Quelle ne fut pas leur stupéfaction en touchant au port, d'entendre le fatal coup de sifflet du départ, et de voir le train s'ébranler majestueusement, puis passer sous leurs yeux sans pitié pour leur détresse! Pendant le défilé, les bérets et les chapeaux s'agitaient aux portières, leur envoyant des adieux plus ironiques que compatissants!

Il faut dire que le sort n'aurait pu choisir plus malheureusement ses victimes : le Père Lachau, qui craignait toujours d'arriver trop tôt et d'être obligé d'attendre, et le pauvre Historiographe, en retard à Coublevie, en retard à Chalais, en retard à la Grande-Chartreuse, en retard régulièrement partout et tous les jours! L'humiliation était grande ; mais on n'est pas philosophe pour rien. Les deux retardataires, un instant décontenancés, trouvèrent en dînant à la taverne du Lion d'Or le moyen d'attendre sans ennui l'heure du prochain départ. Avant Bologne, ils avaient rejoint leurs compagnons. J'ajoute avec regret qu'ils ne furent pas reçus avec tous les égards dus au malheur.

Nous restâmes deux jours à **Bologne**, à l'hôtel Pellegrino. Cette ville, beaucoup plus curieuse à visiter que Milan, a conservé intact son ancien caractère. Rien n'est changé depuis le moyen âge. Les arcades et les palais sont encore debout; mais là, comme partout, les hommes et les coutumes ont passé; c'est la vie moderne dans un décor antique. Nous visitâmes avec un respect filial l'église et le tombeau de saint Dominique, où les Pères dirent la sainte messe. Nous fîmes une courte visite au musée, où nous admirâmes la Sainte Cécile de Raphaël et plusieurs belles toiles du Pérugin, de Guido Reni, du Dominiquin, de Carrache, de l'Albane et de Francia. Nous montâmes sur la curieuse tour des Asinelli, haute de trois cent sept pieds et inclinée vers l'ouest de près de deux mètres. Nous visitâmes l'immense basilique de Saint-Pétronius où se trouve la méridienne de Dominique Cassini, la cathédrale, Saint-Jacques le Majeur, l'église des Clarisses, où se trouve conservé depuis plusieurs siècles, souple comme le jour de sa mort, le corps de sainte Catherine de Bologne; puis la fontaine de Neptune, etc., etc., etc.

Le mercredi 4, nous partîmes pour Florence à sept heures du matin; nous tenions à faire en plein jour la traversée de l'Apennin. Le chemin de fer remonte la vallée du Réno, franchit dix-neuf fois cette rivière et traverse vingt-trois galeries pour arriver à **la Pracchia**, point culminant de la ligne. Jusque-là le pays qu'on traverse est triste et brûlé par le soleil, les vallées sont étroites, les sommets des montagnes nus et pelés; mais au moment où l'on arrive sur le versant opposé en sortant du long tunnel de Saint-Mommé, l'aspect change complètement. On découvre la vallée de l'Ombrone et l'immense plaine de Pistoïa que l'on domine d'une hauteur de plus de sept cents mètres; les montagnes sont boisées

et portent de jolis petits villages entourés de bois d'oli-
viers ; tout est vert et gai, et l'on se sent descendre
avec une rapidité vertigineuse par une série de lacets
que l'on suit du regard sur les flancs de la montagne.
Nous arrivâmes à midi à **Florence**, et nous trouvâmes à la gare l'abbé Arrò Carroccio, ami du Père,

Nous montâmes sur la curieuse tour des Asinelli. (Page 178.)

qui nous conduisit à l'hôtel Rebecchino, où il nous
avait retenu des chambres. Ce petit hôtel, où les
prix sont très modestes, est à quelques minutes de
la gare, dans la rue de la Station.

Après avoir dîné, nous nous divisâmes en deux
bandes pour visiter plus commodément la ville, et
nous partîmes dans deux directions sous la conduite
des Pères. Si nous avons eu de la difficulté à

raconter les beautés de Milan, de la Chartreuse de Pavie et de Bologne, comment esquisser celles de Florence? Je crois que le Père, en nous faisant voir très rapidement les merveilles de l'Italie, n'a voulu que nous donner le désir de les revoir plus complètement une autre fois. Si telle a été sa pensée, il faut avouer qu'il a bien réussi.

Le passé vit encore à Florence, et, en entrant dans ses incomparables églises, dans ses couvents célèbres, en visitant ses musées et ses vieux palais, on se croirait au douzième, au quatorzième, au quinzième siècle. La maison de Michel-Ange, si remplie des souvenirs de ce grand citoyen, nous fit assister par la pensée aux travaux, aux douleurs, aux triomphes de ce grand homme. Santa-Maria-Novella, cette belle église qu'il appelait la *Sposa*, tant il la trouvait belle, le couvent et ses deux cloîtres, dont les Dominicains ont été les architectes, les maçons et les sculpteurs vers 1280, reçurent notre visite. Nous y admirâmes le Crucifix de Giotto, les fresques de Ghirlandajo, de Paollo Ucello, de Simone Memmi et de Taddeo Gaddi. Hélas! nous n'avions pas pour nous guider dans ces cloîtres déserts la parole amie d'un religieux; une proscription impie a déclaré incapables de comprendre et de garder ces merveilles ceux-là mêmes dont la charité et la parole les ont suscitées.

La statue du Dante s'élève sur la place de l'église

FRA ANGELICO

d'après Frà Bartolommeo

Santa-Croce. Nous nous arrêtâmes pour contempler
« ce masque puissant » dont a parlé le poète, et qu'on
ne saurait oublier quand on l'a vu une fois. On s'en
va en songeant à cet homme extraordinaire, à ce sceau
de douleur imprimé sur son front, et à l'effroyable
mépris qui s'amassa dans son âme à la vue des iniqui-
tés de son siècle. C'était un génie chrétien que ce
grand génie. S'il a prononcé d'amères paroles et fait
entendre des imprécations redoutables, ce n'a pas été
contre l'Église, mais contre les vendeurs du temple.
N'a-t-il pas d'ailleurs quelque ressemblance avec le
grand religieux que nous allons saluer tout à l'heure.

Avec quelle joie et quel respect n'allâmes-nous
pas frapper à la porte du couvent de Saint-Marc! quels
souvenirs nous y attendaient! C'est là que le peintre
angélique a longtemps vécu ; c'est là qu'il a longtemps
travaillé pour la gloire de Dieu. On entre avec le re-
cueillement de l'admiration là où un grand homme a
passé ; on y cherche, avec une pieuse émotion, les
traces les plus fugitives de son séjour; mais le plus
souvent tout a disparu : les yeux n'ont rien où s'arrêter, et l'on ne peut se défendre d'une mélancolie qui
ressemble à un sentiment de déception. C'est là ce
qu'allait nous faire éprouver le souvenir de Savonarole
dans la maison qu'il a rendue à jamais illustre. L'autre
grand dominicain qui en a commencé la gloire, Frà
Angelico, y a laissé ses fresques immortelles. Par elles

il y vit encore, et la remplit tout entière du doux par-
fum d'un passé gloreux. Oserons-nous dire que pas
un peintre, non, pas même un Raphaël, ne doit attirer
aussi doucement, aussi puissamment l'admirateur
chrétien? Quel divin spectacle, en effet, digne du regard des bienheureux, que le Sauveur, la Madone et
les anges peints par un saint de génie ! Quand on
pense que Frà Angelico ne quittait Dieu que pour le
retrouver dans l'art, où il le voulait uniquement glo-
rifier; qu'il a conçu ses œuvres sublimes les yeux le-
vés vers le ciel, et que jamais une image profane, se
plaçant entre lui et le modèle sacré, n'en est venue al-
térer la beauté ; ne semble-t-il pas que ce religieux a
dû être vraiment l'artiste incomparable, fait pour
montrer aux yeux des hommes les choses d'en haut,
et leur inspirer la plus pure des admirations! Nous
sentions ces pensées s'agiter confusément en nous, pendant que nous parcourions d'un œil ravi les cellules
et les cloîtres remplis des chefs-d'œuvre du peintre
dominicain. Ces peintures nous apparurent comme
des visions du ciel, et nous disions avec Vasari :
« Pour avoir peint de pareilles images, il faut en avoir
vu les divins modèles dans les extases de la prière. »

Le buste de Savonarole a été placé par ses admira-
teurs en face de sa cellule. Son nom n'était pas seulement pour nous un de ces grands noms qui frappent
l'imagination. Nous savions quelque chose de ses

UN ANGE (Frà Angelico)

luttes ; nous savions que peu d'hommes ont aimé
aussi ardemment que lui la vérité et la liberté. C'est
ce double amour qui a ressuscité en France l'ordre de

SAVONAROLE

D'après Fra Bartolommeo.

Saint-Dominique ; aussi, dans la maison de Savonarole,
notre cœur n'était pas moins ému que notre intelligence
n'était frappée. Nous entrâmes dans la petite chambre
qui a été si souvent témoin des excès de sa pénitence ;

on y conserve avec respect divers objets qui lui ont appartenu. Avec les fragments qu'on a conservés de ses discours, c'est là tout ce qui reste du grand homme dont la parole agitait cent mille âmes dans Florence comme le vent les arbres d'une forêt. L'orateur est moins heureux que le peintre : la génération dont il a partagé les douleurs et les joies emporte, en disparaissant, l'écho de son éloquence et les traces visibles de son action sur les multitudes. Reste le souvenir et le culte.

Le souvenir de Savonarole est encore vivant, il l'est plus que jamais, et bien des regards interrogateurs se fixent encore sur cette figure étrange, aux traits d'une énergie presque incroyable, où l'on reconnaît l'empreinte d'un mysticisme ardent qui aspire vers le ciel, mais qui est éprouvé sur la terre dans une sombre lutte contre l'esprit du mal. Savonarole a vécu dans un siècle de fer : ce véritable homme de Dieu a souffert dans son âme de violentes tortures avant que son corps ne fût livré au supplice. Qui donc a mieux mérité qu'on dît de lui : « Le zèle de la maison de Dieu le dévore ! » Il chanta moins, il est vrai, les miséricordes du Seigneur, qu'il ne prédit ses vengeances ; mais il faut à Dieu des ministres pour toutes les missions qu'il a besoin de faire remplir ici-bas, et il en est de terribles. Il illumine alors e monde en allumant un flambeau qui éclaire en se consumant : ainsi s'est consumé Savonarole, son langage s'est ressenti des ardeurs de la lutte et de l'excès des maux qu'il combattait.

Il a été discuté[1] ; sa mémoire a été sévèrement jugée, et peu s'en est fallu que l'infatigable champion de l'Église ne fût condamné au nom même de cette cause sacrée. Pourtant l'apôtre de Florence était un saint religieux ; plein de charité pour les autres, il était très austère pour lui-même, et quand à sa voix le peuple revint à une vie sincèrement chrétienne, son exemple ne contribua pas moins que l'ardeur de son éloquence à ce merveilleux changement. Une multitude de cœurs gardèrent pieusement le souvenir de ce supplicié, dont une faction puissante maudissait la mémoire : « Seigneur, s'écriait un Piagnone, ayez pitié de nous, le saint est mort ! » Ainsi commença le culte rendu au réformateur. La plus rare des fidélités, la fidélité d'outre-tombe lui fut gardée par ses enfants. Les plus saintes âmes de ce temps l'eurent en vénération : sainte Catherine de Ricci fut guérie d'une maladie terrible en s'armant devant Dieu du nom de Jérôme ; saint Philippe de Néri apprit au milieu d'une extase, au pied de l'autel, que la doctrine du saint religieux était proclamée pure de toute erreur, et il chanta un

1. Étude sur Jérôme Savonarole, P. Bayonne. Poussielgue, Paris, 1879.

Te Deum d'action de grâces. Saint François de Paule était aussi son ami et son admirateur. A aucune époque, il ne manqua de défenseurs, qui, sans se contenter de le proclamer au-dessus de tout soupçon, demandèrent, au nom de ses héroïques vertus et des prodiges accomplis par son intercession, qu'il fût élevé au rang des saints. Jules II et Benoît XIV l'ont loué comme l'Église loue les plus illustres champions de la vérité.

Que dire de plus? Il y a quelques années, les protestants allemands avaient élevé à Luther une statue sur la place publique de Worms; le sculpteur avait eu l'impudence de mettre au piédestal de la statue de l'hérétique l'image de Savonarole, comme d'un précurseur de la réforme. A cette nouvelle, un cri d'indignation se fit entendre en Italie et en particulier à Florence. Les cœurs généreux qui étaient toujours fidèles au souvenir du prophète, voulurent protester contre ce défi jeté si insolemment à la vérité et à la vertu : ils résolurent, eux aussi, d'avoir l'image de leur Maître, de celui qui avait toujours uni dans la même affection la patrie et l'Église, et ils voulurent cette image digne du modèle. Le sculpteur Pazzi comprit aussi ce que l'Italie catholique, ce que Florence attendaient de lui, et il fit un chef-d'œuvre.

Il viendra un temps où Florence, payant noblement sa dette de reconnaissance envers un homme qui fut

Dessin de M. Delance, d'après le marbre de Pazzi

sa gloire, élèvera cette statue sur la place Saint-Marc, ou mieux encore, sur la place du Palais Vieux, là même où fut dressé le bûcher du héros chrétien.

Nous rendîmes tous à ce grand homme un religieux hommage, et le Père fit une prière dans sa cellule. Il demandait sans doute à Dieu de donner à notre pays et à l'Église des enfants dont les âmes fussent, comme celle du Frère Jérôme, passionnées pour la vérité et pour la liberté. Ceux d'entre nous qui allèrent servir la messe aux Pères, au tombeau de saint Antonin, eurent le plaisir de faire connaissance avec quelques-uns des religieux de Saint-Marc ; ceux-ci, heureux de voir des élèves de cette École d'Arcueil dont ils avaient beaucoup entendu parler depuis 1870, les accueillirent avec cette amabilité et cette douceur dont les Dominicains italiens ont le secret.

Nous visitâmes Saint-Laurent et les incomparables trésors de la Sacristie nouvelle et de la chapelle des Médicis ; Sainte-Marie des Fleurs et son dôme élevé par Brunelleschi ; le campanile commencé par Giotto ; le Baptistère aux portes merveilleuses ; l'Annunziata et ses admirables fresques d'Andréa del Sarto ; le Palais Vieux, la Loge des Lanciers, le Ponte-Vecchio, enfin la Galerie des Offices, le Palais Pitti et l'Académie des Beaux-Arts. Comment décrire les sentiments que nous fit éprouver la vue des chefs-d'œuvre réunis dans ces galeries sans rivales ? Tous ces tableaux de

Raphaël, de Michel-Ange, de Véronèse, de Frà Bartolommeo, du Pérugin, de Frà Angelico, de Léonard de Vinci, du Dominiquin, de Ribéra, d'Andréa del Sarto, du Tintoret, de Salvator Rosa, qui ont été popularisés par la gravure et par l'histoire, nous les avions devant nous, nous pouvions les voir et les admirer. Quel bonheur ! quelle douce jouissance ! Mais malheureusement il fallait aller vite, car le temps nous pressait.

Nous désirâmes avoir une idée des environs de Florence et de l'aspect général de la ville. L'excellent abbé Arrò voulut nous faire les honneurs de cette promenade. Des voitures nous conduisirent par les *Colli* à San-Miniato. De là, on jouit d'une vue fort belle sur Florence et le cours de l'Arno ; les montagnes de Fiésole forment le fond de ce très beau tableau. Nous visitâmes l'église, qui est très ancienne, et nous, jetâmes nos derniers regards sur une vieille tour qui fut le dernier point défendu par Michel-Ange contre l'armée envoyée par les Médicis pour asservir une seconde fois leur malheureuse patrie.

Le vendredi, 6, nous partîmes pour **Pise** ; nous avions tourné notre voile vers la France. Nous ne nous arrêtâmes que quelques heures à Pise pour visiter la cathédrale, la Tour penchée du haut de laquelle on aperçoit la Méditerranée ; le Baptistère, petit monument dont le dôme a la sonorité d'un tuyau d'orgue,

et le Campo-Santo, dont les murs sont couverts de
fresques célèbres. Une demi-heure après nous étions
à **Livourne**. Nous avions le projet d'aller par mer à
Marseille ; mais nous avions mal fait notre calcul : car
au moment où nous arrivâmes, le bateau venait de
partir. Nous dûmes donc reprendre le chemin de fer à

LA COUR DU PALAIS VIEUX
Dessin de DELANCE.

notre grand regret, car cette petite traversée n'était
pas un des moindres attraits du voyage.

Notre passage à Livourne n'a pas laissé dans notre
mémoire des souvenirs agréables. Dès notre arrivée la

caravane fut entourée et accompagnée, pendant près d'une demi-heure, par une nuée d'enfants et de jeunes gens en guenilles, qui voulaient à toute force porter nos saes. Il nous fut impossible de nous débarrasser de ces sangsues, et ceux qui connaissent l'impertinence et la ténacité du mendiant italien, peuvent s'imaginer combien cette promenade à travers la ville nous fut pénible. Pour ce qui est de la police, elle était absente à cette heure-là.

Il nous arriva une autre aventure moitié comique, moitié sérieuse, qui donnera au lecteur la mesure de ce que savent oser certaines gens en Italie,

Après avoir manqué le bateau nous revînmes à la gare, afin de prendre le chemin de fer pour Gênes et Marseille. Nous n'avions pas dîné, nous cherchions le buffet. Nous regardons dans une salle sur la porte de laquelle était écrit ce mot : « Buffet ». Comme physionomie, c'était l'équivalent d'un café de quatrième ordre ; il n'y avait pas à choisir ; nous prenons notre courage à deux mains et nous entrons. Au comptoir était un vieux bonhomme ; à la cuisine, une vieille assez vive d'allure, mais avec une physionomie de juive polonaise. Un souper maigre nous est promis, et dans une demi-heure nous pourrons nous mettre à table. La demi-heure se passe et le souper n'arrive pas. Nos estomacs commencent à murmurer. Pour nous distraire nous mettons le couvert, mais le souper n'arrive pas encore. Le Père va faire à la vieille les discours les plus éloquents, Frère Jacques s'offre pour l'aider à faire la cuisine; le temps presse, il ne reste qu'une demi-heure avant le départ; la patience va manquer;

Le chef de gare arrive, se fait expliquer la cause..... (Page 194.)

on nous sert *douze œufs, des pommes de terre, du fro-mage, du vin* et *huit bouteilles de piquette*. Après un moment de stupéfaction, on mange au galop ce qui était servi, et Mme la cuisinière nous apporte sur une assiette... la note : Dîner à quatre francs par tête : total, 52 francs. Un cri d'horreur retentit; on se pré-cipite sur le comptoir, on réclame le dîner qu'on a la prétention de nous faire payer. Comme le vieux et la vieille ne veulent rien entendre, les uns proposent d'enlever les assiettes, les autres d'emporter les chaises; en fin de compte, le Père déclare qu'il ne payera rien et qu'il ne s'en rapportera qu'au chef de gare, que la vieille se hâte d'aller chercher.

M. le chef de gare arrive, se fait expliquer la cause de la discussion, et ne pouvant voir clair entre les affirmations de l'hôtelier et celles des voyageurs, exige une note écrite, où il lit tout haut ce qui suit :

Pommes de terre.	6 fr.
Patati.	6
Omelette	10
Ovi.	10
Vin.	10
Fromage	6
Pain	4

— « Qu'est-ce que *patati*, dit le Père Lachau ?
— « Qu'est-ce qu'*omelette*, dit le chef de gare ?
— « Qu'est-ce que *ovi*, dit le Docteur? »

Tout le monde part d'un éclat de rire. La bonne vieille voulait nous faire payer ses œufs deux fois, ses pommes de terre deux fois. Le chef de gare devine la ruse et déclare, à la grande confusion des deux vieux industriels du buffet de Livourne, que nous ne devions que 15 francs.

De Livourne à Marseille, rien d'extraordinaire ne signale notre voyage, qu'un excellent bain de mer que nous prîmes à **Vintimille**.

Le lendemain, dimanche 8 septembre, fête de la Nativité de la Très-Sainte Vierge Marie, nous montâmes à Notre-Dame-de-la-Garde pour entendre la messe et remercier la Bonne Mère de nous avoir si bien protégés pendant notre voyage. Nous visitâmes **Marseille** pendant le reste de la journée, et le lundi 9 septembre, à minuit, nous arrivions à **Arcueil**.

Il y avait un mois et un jour que nous en étions partis.

Tel est le récit exact de cette expédition, qui, espérons-le, ne sera pas la dernière. Les historiographes ont terminé leur œuvre, et il est grand temps, car leur muse est à bout. Pourtant, il leur reste un devoir à remplir. Toute histoire a sa philosophie, et il serait malséant, au siècle où nous vivons, de raconter simplement les faits sans en tirer un certain nombre de conclusions morales et pratiques. Les auteurs, ne voulant ni abuser de la patience de leurs lecteurs, ni se lancer dans des considérations empyréennes et soporifiques, se contentent modestement de faire remarquer deux choses.

La première, c'est qu'après avoir rendu grâces à Dieu de l'heureux succès de notre voyage, il est bien temps de revenir à ceux qui nous l'ont procuré. Remercions donc les Pères qui, après avoir préparé et organisé cette excursion, nous ont montré comment on accepte et on supporte les fatigues salutaires du touriste. Ils ont toujours été les premiers à la peine, et c'est pour cela que nous n'avons jamais reculé. Ils nous ont initiés aux émotions ineffaçables des grands spectacles de la nature, et notre âme s'est élevée vers Dieu à côté de la leur. Ils nous ont prouvé une fois de plus, en acceptant la lourde responsabilité que nos parents leur avaient donnée, que le dépôt de l'autorité paternelle n'est jamais mieux placé qu'en des mains religieuses, et que le prêtre, mieux que tout autre, sait garder à ses enfants, sous la juste fermeté du maître, le cœur et le constant dévouement d'un ami.

En second lieu, les Historiographes réclament l'indulgence des lecteurs. Si ceux-ci trouvent leur récit naïf ou incorrect, c'est qu'ils ont jugé et qu'ils ont écrit comme peuvent le faire de jeunes bacheliers : or, tout le monde sait que si le titre de bachelier apporte beaucoup de vaine gloire, il n'indique pas qu'on écrive avec grâce et correction. Les Historiographes ont fait de leur mieux, et leur bonne volonté est le seul titre sérieux qui puisse plaider en leur faveur.

FIN

COMPTES DU VOYAGE DE LA CARAVANE

PRÉVISIONS

Le budget de prévision a été établi au Club Alpin par le colonel Pierre et le Père Barral, et arrêté ainsi qu'il suit :

30 jours de voyage, dont :

20 jours en montagnes.

10 jours dans l'Italie du Nord.

A 10 fr. par jour	300	»
Chemin de fer, voitures, mulets, guides, porteurs.	170	»
Frais imprévus, 1 fr. par jour	30	»
	500	»
Pour couvrir le voyage du maître	100	»
	600	»
Pour 11 élèves	6 600	»

On a fait en chemin de fer plus de 2 500 kilomètres. On avait obtenu 50 p. 100 de réduction sur les chemins de fer français ; 30 p. 100 sur les chemins de fer italiens; en Suisse, on a bénéficié du tarif réduit qui est à l'usage des écoles.

DÉPENSES RÉELLES

VOYAGE	Chemin de fer	1 746 70	2 432 70
	Voitures, bateaux	502 50	
	Mulets, guides, porteurs	183 50	
NOURRITURE ET LOGEMENT			3 647 30
FRAIS GÉNÉRAUX			443 70
Solde en caisse			76 30
			6 600 »

PAR TÊTE POUR 30 JOURS	Voyage	187 13
	Nourriture et logement	280 56
	Frais généraux	54 13
	Total	501 82
PAR TÊTE ET PAR JOUR.	Voyage	6 03
	Nourriture et logement	9 05
	Frais généraux	1 10
		16 18

LES ENFANTS D'ARCUEIL

HYMNE

PAROLES DU
R. P. LAUR. LÉCUYER.

MUSIQUE DE
FRÉD. LENTZ.

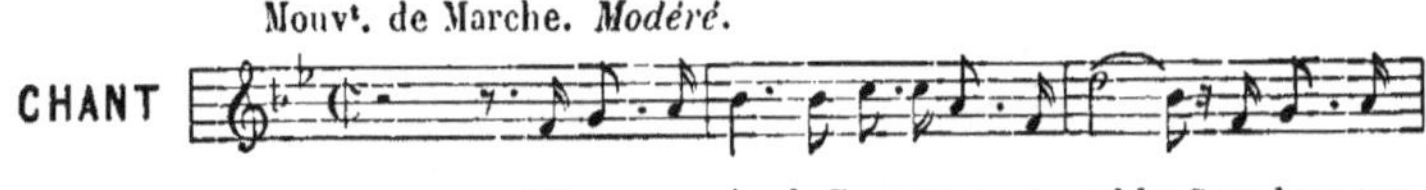

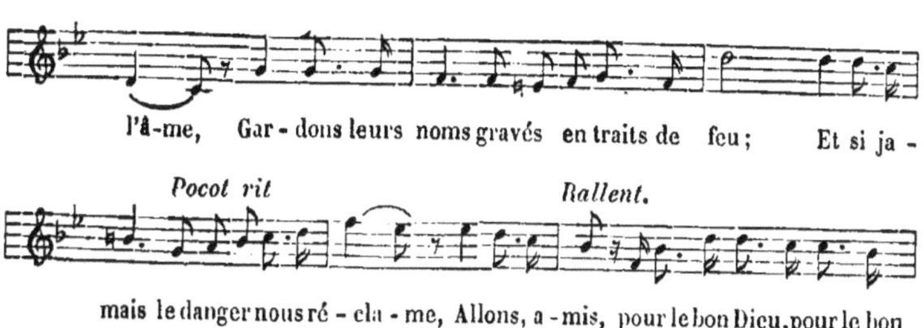

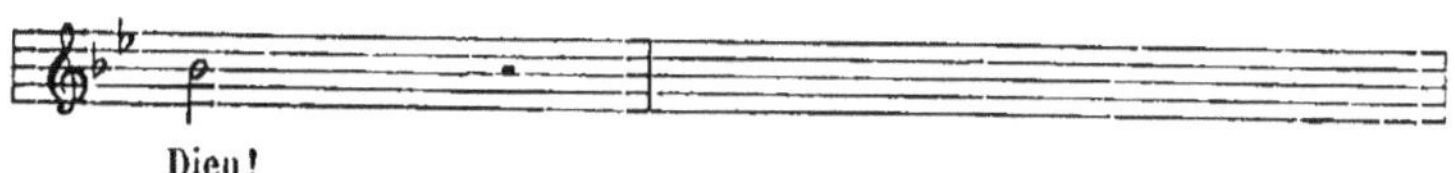

2e STROPHE

Salut, tombeaux rayonnants de jeunesse,
Pleins d'avenir et d'immortalité,
Salut, drapeaux qui nous parlez sans cesse
De la Patrie et de la Vérité ;
Tant de vertus, de sang et de prières
Nous soutiendront jusqu'au dernier soupir :
Nous serons forts et dignes de nos pères,
Nous voulons vivre et nous saurons mourir !

   Fils des martyrs, etc.

3e STROPHE

Soldats du Christ, nés en des jours d'alarmes
Pour les combats et les mâles désirs,
Notre jeunesse est une veille d'armes
Que nous passons au tombeau des martyrs ;
Au lendemain des revanches suprêmes,
Quand nous viendrons retrouver leur cercueil,
Dieu leur dira que nous restons les mêmes,
Toujours chrétiens, toujours enfants d'Arcueil !

   Fils des martyrs, etc.

CLUB ALPIN FRANÇAIS

CARAVANES SCOLAIRES

RÈGLEMENTS. — CONSEILS.

Janvier 1878.

Le Club Alpin Français, désireux de répandre et de développer chez la jeunesse française le goût des voyages et surtout des voyages à pied, dont l'utilité est universellement reconnue, organise chaque année aux vacances de Pâques et à celles du mois d'août, tant à Paris que dans les départements, des *Caravanes scolaires*, ou excursions d'écoliers.

Dans une circulaire en date du 22 juin 1876, adressée à tous les proviseurs des lycées de France, le Ministre de l'Instruction publique et des Beaux-Arts, M. Ch. Waddington, membre du Club Alpin, déclare « que le moment est venu d'encourager officiellement une institution qui tend *au développement physique, intellectuel et moral* de la jeunesse de nos écoles. »

S'associant avec une égale bienveillance à la pensée du Club Alpin, toutes les grandes Compagnies de chemins de fer lui accordent une réduction de 50 0/0 sur le prix des places pour les Caravanes scolaires organisées par lui.

En outre, les liens intimes qui unissent entre elles nos vingt quatre sections, fondées dans toutes les parties de la France, et nos relations amicales avec les Clubs Alpins étrangers, assurent partout à nos caravanes un accueil sympathique et des avantages de toutes sortes.

Le passé répond de l'avenir. Déjà vingt-cinq caravanes scolaires, organisées par la Direction centrale ou sous ses auspices, ont, dans les années 1875, 1876 et 1877, visité avec utilité et agrément la France et les pays voisins, sans qu'il y ait eu le moindre accident.

RÈGLEMENT

1° Les Caravanes scolaires sont composées de jeunes gens faisant leurs études dans les lycées, collèges, écoles privées, ou dans leurs familles.

2° Chaque Caravane est formée de dix ou douze élèves au plus, et dirigée par une ou deux personnes choisies par la Direction centrale ou par les bureaux des sections.

3° Pour être admis à faire partie des Caravanes scolaires, chaque élève doit être présenté par ses parents ou par un membre du Club, et accepté par les comités organisateurs.

4° Il sera versé, *au moins dix jours avant le départ*, entre les mains de l'Administrateur délégué, à Paris[1], ou entre celles du Trésorier de la Section, dans les départements, la somme qui aura été jugée nécessaire pour couvrir la part des dépenses communes afférente à chaque membre de la caravane.

5° Le chef de chaque Caravane a autorité sur tous les membres qui la composent. Il règle les itinéraires, en se conformant, autant que possible, au plan de voyage arrêté par les organisa-

[1] M. l'Administrateur délégué est au siège social du Club Alpin (31, rue Bonaparte) tous les jours, de 1 à 3 heures.

teurs, le choix des hôtels ou auberges, les haltes, etc. Il décide
en cas de contestation, soit entre les touristes, soit avec des personnes étrangères à la caravane, et en général pour tout ce qui
intéresse le bon ordre et la sécurité de la caravane. Il envoie
chaque jour, à moins d'impossibilité, à l'Administrateur délégué
ou au Président de la Section, un bulletin qui est mis à la disposition des familles.

6° Le chef de la Caravane dirige le voyage de manière à éviter
toute dépense inutile. Si la somme versée au départ excède la
dépense réelle, le surplus sera remis aux familles des touristes.
Dans le cas où la somme versée se trouverait insuffisante, les
familles auraient à remettre au retour le supplément de chaque
quote-part.

7° Il peut autoriser les membres de la caravane à faire des
dépenses personnelles, s'il n'en peut résulter aucun inconvénient
pour le bon ordre général. Les familles sont invitées à lui
remettre l'argent destiné à ces dépenses, et, dans ce cas, il ouvre
un compte particulier à chacun des jeunes touristes pour les-
quels il aura reçu de l'argent en dépôt.

8° Chaque touriste présenté devra déclarer par écrit, avec
l'approbation de ses parents, qu'il a pris connaissance de ces
dispositions et qu'il s'engage à s'y conformer.

CONSEILS POUR L'ÉQUIPEMENT

La question du costume, très importante pour le piéton, peut
se résumer ainsi :

Vêtements.

Pantalon, gilet, jaquette (avec de nombreuses poches), en
drap léger, caleçon de toile, chemise de flanelle.

Coiffure.

Feutre, à forme basse et à bords modérément larges, avec un élastique qui se fixe à l'habit.

Chaussure.

Souliers, lacés sur le cou-de-pied, avec empeigne forte, mais souple (semelle de 10 à 12 millim. d'épaisseur, débordant l'empeigne de 2 à 3 millim., et talon de 20 à 22 millim. de hauteur totale). — On devra : préférer les bas de laine à ceux de coton, qui font des plis et causent des ampoules ; emporter une paire de pantoufles ou de souliers légers et larges, pour se reposer les pieds à la fin de la journée.

Sac.

Le sac, à deux bretelles et en toile grise, contiendra deux paires de bas de laine, une chemise de flanelle, une chemise de nuit, un caleçon de toile, six mouchoirs, une cravate, un foulard de cou, les objets de toilette (roulés dans un nécessaire en toile cirée), du fil, des aiguilles. Au-dessus du sac, sera roulé dans une courroie un plaid ou un caoutchouc très léger.

Objets divers.

Gourde, bâton ferré, couteau de poche, carnet, tasse en cuir, gants en peau larges et chauds.

Le Vice-Président,
chargé de l'organisation des caravanes scolaires,

E. TALBERT,
proviseur honoraire.

Approuvé :

Le président,
ADOLPHE JOANNE.

LES CARAVANES SCOLAIRES

DU

TROISIÈME TRIMESTRE DE L'ANNÉE 1878.

Nous croyons être agréable à nos lecteurs en leur donnant le compte rendu des voyages de quatre caravanes scolaires, organisées par la Direction centrale, ou sous son patronage, dans le troisième trimestre de l'année 1878. Ils se rendront compte des efforts que fait le Club Alpin pour multiplier les caravanes scolaires et se réjouiront des résultats déjà obtenus.

Deux de ces caravanes sont parties de Paris, une de Chalon-sur-Saône, et une de Dijon.

I. — La première, organisée par la Direction centrale, et composée de neuf élèves des lycées ou collèges de Paris, a été dirigée par M. Seigneurie, professeur de mathématiques au collège Rollin, membre du Club Alpin Français. Commençant le voyage par Clermont et le finissant par Lyon, elle a parcouru à pied une grande partie du Plateau central de la France (Puy-de-Dôme, Haute-Loire et Ardèche), d'où descendent la plupart de nos fleuves et rivières. Après le Dauphiné et la Savoie, c'est une des régions les plus pittoresques qu'on puisse visiter en France, c'est le voyage le plus instructif peut-être. Le Puy de Dôme, avec son observatoire et son temple gallo-romain ; toute la chaîne des monts Dôme ; le Puy de Sancy, et la chaîne des monts Dore ; le Mézenc, le Gerbier de Joncs d'où jaillit la Loire, et les monts de la Lozère et du Velay ; toute la région volcanique de la France ; les vallées de la Dordogne, de l'Allier, de la Loire et du Rhône, des lacs, des sources d'eaux minérales ; enfin les villes si intéressantes de Clermont, du Puy, de Vienne et de Lyon, quel beau champ d'études en plein air, de géographie, d'histoire, de géologie et d'archéologie !

Les jeunes touristes ont fait soixante-cinq heures de marche à pied. La plus forte journée a été de 52 kilomèt. en douze heures y compris les haltes. Peuvent-ils mieux se préparer au volontariat ?

La dépense totale, évaluée dans le programme à 250 francs par tête, a été de 251 fr 50 c.

II. — La caravane scolaire organisée, sous le patronage de la Direction centrale, à l'École Albert-le-Grand (Arcueil), avait pour chef le Père Barral, censeur des études de l'École et membre du Club Alpin Français. Elle se composait de onze élèves et de deux religieux. Elle a visité :

Dans le Dauphiné : la Grande-Chartreuse et le Grand-Som, Grenoble et le pic de Belledonne ;

Dans la Savoie : Aix-les-Bains, les gorges du Fier, Annecy et son beau lac, le Semnoz, le col des Aravis, Saint-Gervais, les gorges de la Diosaz, Chamonix, les cols de Balme et de Salvent.

En Suisse : les gorges de Trient et le passage du Simplon.

En Italie : le lac Majeur, Milan, Pavie et sa Chartreuse, Bologne, Florence, Pise, Gênes.

Elle est rentrée en France par la Corniche et Marseille.

Tel est le magnifique voyage que l'École Albert-le-Grand a fait faire à ses élèves pour leur début. Il a duré un mois entier, du 9 août au 9 septembre. Dans la première partie (celle des montagnes), la caravane a fait à pied, le sac au dos, neuf petites journées de quatre à six heures, et six grandes de huit à onze heures de marche.

La dépense totale a été de 501 fr. 80 c. par tête, soit 16 francs par jour, y compris les frais de chemins de fer et de transports quelconques, ou 10 francs, sans ces frais.

Ceux qui savent par expérience ce qu'est la dépense actuelle d'un voyage en Suisse et en Italie, estimeront sans doute que ce prix est très modéré. Il aurait été beaucoup plus élevé, vu la longueur du trajet (environ 2400 kil.) sans la réduction de 50 0/0 obtenue, par l'intermédiaire du Club Alpin, sur les chemins de fer français et italiens, et si partout les prix dans les hôtels n'avaient été réglés d'avance.

Notre collègue le Père Barral se loue d'une manière toute particulière de l'extrême obligeance de : MM. F. Perrin, secrétaire général de la section de l'Isère; M. le Dr Doyon, président de la sous-section d'Uriage; M. C. Dunant, président de la section d'Annecy, et M. E. Tissot, membre du bureau de la même section; M l'abbé Chaboisseau, à Gières; et, en Italie, de notre cher collègue, M. Cesare Isaïa, secrétaire général du Club Alpin italien et président de la section de Turin. C'est grâce à son intervention que les élèves des Pères Dominicains de France ont obtenu la réduction de prix sur les chemins de fer de l'État italien. « Sans le concours actif et dévoué du Club Alpin, nous écrivait à son retour le Père Barral, le 12 septembre, nous n'aurions pas pu faire notre voyage comme il a été fait. Aucun de nos élèves n'oubliera les bontés dont nous avons été l'objet de la part de tous les membres du Club Alpin. »

III. — La troisième caravane scolaire est partie de Chalon-sur-Saône. Organisée et dirigée par M. l'abbé Bugniot, vice-président de la section de Saône-et-Loire, elle se composait de quatorze élèves, trois professeurs et un médecin. Les plus jeunes touristes avaient quinze ans.

Pour la première fois, notre dévoué collègue est sorti de France, et sa première campagne à l'étranger a été naturellement en Suisse, avec entrée par le Jura et le val Travers, et sortie par Genève. Les cantons de Neuchâtel, Fribourg, Berne.

Lucerne, Uri, du Valais et de Genève ; les cols de Scheideck, de la Gemmi, du Saint-Gothard, de la Furca et de Torrent ; les belles montagnes de la Bella-Tola, dans le val d'Anniviers, et du Männlichen, dans l'Oberland, voilà ce qui a été visité en grande partie à pied, en quinze jours et au prix de 206 fr. 70 c. par tête, soit 15 fr. 75 c. par jour, frais de transport compris. La marche à pied a été en moyenne de huit heures par jour, et quelquefois de dix.

Les membres du Club Alpin Suisse ont partout fait un accueil fraternel à M. l'abbé Bugniot et à ses compagnons ; mais en première ligne le Président du Club, M. le pasteur A. Freundler, qui avait tracé lui-même l'itinéraire et qui a rendu les plus grands services à la caravane. On a lu dans le troisième Bulletin qu'au banquet international de Fontainebleau, M. l'abbé Bugniot a porté à *son ami* M. Freundler un toast chaleureux, à la suite duquel le pasteur protestant et l'abbé catholique se sont donné l'accolade, aux applaudissements de toute l'assemblée. Si la fraternité était exilée de la terre, on la retrouverait dans les Clubs Alpins !

M. Wolf, vice-président de la section du Valais, a bien voulu accompagner pendant trois jours la caravane.

M. l'abbé Bugniot n'a eu qu'à se louer de tous les aubergistes auxquels il a été adressé, et particulièrement de M. Brunner, à Louèche-les-Bains, et du maître de l'hôtel du Glacier du Rhône, qui l'a prié *de régler lui-même la note de sa dépense.* L'honnête aubergiste dont j'ai relevé et cité un jour la belle enseigne : *Non lucro soli, sed publico commodo* [1], a donc fait souche pour l'honneur de sa profession et l'avantage particulier des membres des Clubs Alpins.

Il n'a eu à se plaindre que des guides de Louèche, qui ont exigé qu'il les payât *d'avance,* et ont été aussi insolents qu'avides. Grâce à l'énergique intervention de M. le Président du

---

[1] Non pour le lucre seul, mais pour le bien public.

Club Alpin Suisse, des mesures ont été prises par le Gouvernement du canton et par la Section du Valais pour que de pareils abus ne se renouvellent pas.

IV. — La dernière caravane scolaire a été organisée par M. Feuillié, professeur au lycée de Dijon, vice-président de la Section de la Côte-d'Or et du Morvan, tant de fois nommé (c'est sa quatrième de l'année 1878). Il l'a dirigée, de concert avec MM. P. Durandeau, Darantière, Lory, Tainturier et Vionnois, membres de la Section. Elle se composait de vingt élèves du lycée de Dijon (dont le Proviseur actuel est très favorable aux caravanes) ; de huit élèves du collège d'Avallon, conduits par M. Aubry, leur Principal ; de M. Pinel, inspecteur primaire à Semur, et d'un élève en médecine de Dijon ; trente-sept excursionnistes en tout.

Voyageant, selon son habitude, « *aux rives prochaines* », la caravane bourguignonne a visité le château et le parc de Buffon, à Montbard, l'ancienne abbaye de Fontenay, et la papeterie de MM. de Montgolfier, qui lui ont fait avec la plus grande courtoisie les honneurs de leur magnifique établissement.

La journée a été de six heures de marche et a coûté 11 fr. 50 par tête.

V et VI. — M. J. Lejeune, président de la section vosgienne du Club Alpin Français, a fait part à la Direction centrale, le 19 novembre dernier, de deux excursions scolaires, organisées et dirigées par M. Douhot, Principal du collège de Langres, en 1876 et 1877. Si nous en avions eu connaissance plus tôt, elles auraient été portées au compte de ces deux années. Mais il n'y a pas prescription, et elles méritent d'autant plus d'être connues, qu'elles sont un modèle d'économie portée à la dernière limite et la confirmation de ce que nous avons dit tant de fois, et notamment au Congrès, sur l'utilité de faire des voyages courts et peu dispendieux.

La première de ces caravanes, partie de Langres, visitait Luxeuil, Bussang, Giromagny, les houillères de Ronchamps, et montait au Ballon d'Alsace. Le tout en cinq jours et au prix de 30 fr. 60 c. par tête, soit 6 fr. 12 c. par jour.

La deuxième, composée de douze élèves, conduits également par M. Douhot, suivait un itinéraire qu'avait tracé M. Roussel, naguère Président de la section des Vosges : de Langres à Aillevillers en chemin de fer, Plombières, Remiremont, Gerardmer, la Schlucht, le Hohneck, le Ronfaing, en passant par la Bresse, le val d'Ajol et retour par Aillevillers.

Dépense totale pour neuf jours de voyage : 30 fr. 55 c., ou 3 fr. 40 c. par jour !

Comment le chef intelligent et dévoué de ces excursions arrivait-il à ce résultat aussi vrai qu'invraisemblable? Il a bien voulu livrer son secret que nous nous empressons de divulguer : éviter autant que possible les hôtels des villes et coucher de préférence dans les villages ; déjeuner le matin, avant de partir, avec du lait ou du café ; à midi, repas de viande froide, fromage et pain emportés par chacun, sans autre boisson que l'eau de la source près de laquelle on fait halte, et le café qu'on prépare soi-même ; le soir, dîner solide où l'on se permet le vin.

C'est la pure tradition de Töpffer, recueillie de la bouche de M. Freundler, qui a fait les deux derniers Voyages en zig-zag dirigés par cet illustre maître.

Nous espérons que, grâce à ce secret, nous aurons l'an prochain le plaisir de rendre compte de nombreuses excursions scolaires organisées par les soins de nos vingt-six sections, à l'instar de celles d'Auvergne, de Chambéry, de Paris, de Saône-et-Loire et des Vosges.

E. TALBERT,
Vice-président du Club Alpin Français,
chargé de l'organisation générale des caravanes scolaires.

PROJET DE VOYAGE

DE LA SECONDE CARAVANE D'ARCUEIL

Août et septembre 1879.

TABLE DES GRAVURES

GRAVURES HORS TEXTE

TABLE DES MATIÈRES

CHAPITRE IX

LE CHAMONIX AU LAC MAJEUR

CHAPITRE X

DU LAC MAJEUR A FLORENCE ET A ARCUEIL

FIN DE LA TABLE DES MATIÈRES

———

23 540. — Paris. Impr. A. Lahure, rue de Fleurus, 9.

www.ingramcontent.com/pod-product-compliance
Lightning Source LLC
LaVergne TN
LVHW011947180726
843502LV00005B/1356